LA RUTA QUE CAMBIÓ MI VIDA

CARLOS SANTAMARIA

LA RUTA QUE CAMBIÓ MI VIDA

Diseño de portada: Óscar O. González
Fotografía de portada: Cristian Harbuz
Fotografías de interiores: Archivo personal del autor
Diseño de interiores: Luis Méndez

© 2017, Carlos Santamaria

Derechos reservados

© 2017, Editorial Planeta Mexicana, S.A. de C.V.
Bajo el sello editorial DIANA M.R.
Avenida Presidente Masarik núm. 111, Piso 2
Colonia Polanco V Sección
Deleg. Miguel Hidalgo
C.P. 11560, Ciudad de México
www.planetadelibros.com.mx

Primera edición: julio de 2017
ISBN: 978-607-07-4210-1

Impreso en los talleres de EDAMSA Impresiones, S.A. de C.V.
Av. Hidalgo núm, 111 Col. Fracc. San Nicolás Tolentino, Ciudad de México
Impreso y hecho en México - Printed and made in Mexico

Para todos esos locos que fueron cómplices en esta aventura.

ÍNDICE

PRÓLOGO

"Porque sí". Eso suele responder Carlos Santamaria a la infaltable pregunta. En todas las entrevistas, sus interlocutores quieren conocer las razones para recorrer el continente americano pedaleando una bicicleta en condiciones tan adversas. Dedicó un esfuerzo físico extraordinario, gastó una buena cantidad de dinero aportado sobre todo por su familia, involucró a su hermana y a su cuñado para que lo auxiliaran en más de la mitad del viaje y todos le dedicaron semanas. Cuesta trabajo entender que lo hizo "porque sí".

Carlos no estaba pedaleando para apoyar a alguna fundación o para concientizar a nadie sobre la necesidad de preservar el planeta. Simplemente disfruta la sensación de ver nuevos paisajes y personas mientras avanza en la bicicleta. Goza pedaleando trayectos largos, y se propuso cruzar toda América en tiempo récord: 117 días y 5 horas.

Estuvo en más de diez países, pero realmente no los conoció. Su meta era alcanzar el Guinness. En esa pelea contra el tiempo para romper el récord, usó cada hora solo para lo indispensable: dormir, comer, asearse cuando se podía y avanzar. Vio carreteras, hostales, poco de algunas ciudades y mucha naturaleza, sin la posibilidad de detenerse a contemplar con calma. Pero se observó a sí mismo. Encontró mecanismos para superar el frío, la sed y el hambre. Se transformaron su cuerpo y su pensamiento. Sus piernas adelgazaron, como ocurre con los ciclistas de largo alcance. Su mente se fortaleció.

Santamaria entrenó taekwondo con María del Rosario Espinoza y Guillermo Pérez, dos medallistas olímpicos mexicanos. En sus días de taekwondoín aprendió a concentrarse para ver menos fuerte a su rival. Esa técnica la aplicó en la nieve y el desierto. Fue un viaje exterior tanto como interior.

Cuando me contó de su hazaña en la televisión, me emocionó la idea de acompañarlo en su aventura. Este libro me ha permitido hacerlo. La fuerza con la que superó todo a su paso me dejó enseñanzas para pedalear sin temor ante las adversidades de la vida. Esas enseñanzas están ahí para ustedes. Es el gran legado de Carlos Santamaria.

PAOLA ROJAS
Periodista y conductora de Al aire

CAPÍTULO 1

 Mucha adrenalina

E sta es la primera vez que cuento mi historia de cabo a rabo, como realmente fue. Ya sea por falta de tiempo u oportunidad, nunca la había contado a detalle, ni siquiera a mis papás.

Me encuentro en Prudhoe Bay, Alaska. Es 21 de agosto de 2015. La primera sensación que percibo es que mis pies están muy fijos en la bicicleta. En mis viajes utilizo zapatos especiales de ciclismo que se enganchan a los pedales. Los llaman *clips*. El frío hace que el metal se contraiga y me hace sentir bien sujeto a la bici.

Agarrar el manubrio me hace sentir fuerte. Yo no sé en qué momento de mi vida pasó, pero cada vez que tomo un manubrio de bicicleta, antes de empezar a rodar, me siento fuerte, mucho muy fuerte. Ahora recuerdo bien esa sensación. La bicicleta me da confianza porque es un poco más grande que la última con la que entrené. Es realmente de mi talla, y me hace sentir robusto y en control de la situación.

Cuando estoy ahí parado, esperando la salida, trato de imaginar dónde estaré en el día 90 de mi viaje.

Otra sensación que invade mi cuerpo es la de estar desvelado y algo inquieto, como cuando entrenaba taekwondo. Entonces no podía dormir antes de algún torneo importante. Quizá porque nunca lo consulté con un psicólogo deportivo, pero solía estar muy nervioso previamente a esas competencias.

El ciclismo, en cambio, nunca me había causado nervios. Pero en esta ocasión ¡vaya que lo hace! La sensación es de desvelo y, a la vez, de mucha adrenalina. Los párpados, superabiertos. Te sientes muy rápido, juras que podrías esquivar golpes. Estás muy sensible a todo.

No quiero decir que sea una sensación negativa, que no ayude; todo lo contrario, porque esa sensación me ayuda a mantenerme inquieto. Quiero salir. Me siento con mucha energía.

De repente, ¡pum! Vienen aquellos sentimientos que no son nada positivos.

"Ahora sí estás en Alaska, Carlos —pienso—. No estás en Fairbanks, no estás en Anchorage. Estás en Prudhoe Bay. ¿En verdad estás preparado para esto?"

Quizá, de pronto, ya no me siento tan robusto al pensar esto. De súbito, recuerdo todo lo que sentí al subir en coche desde San Luis Potosí hasta Alaska, especialmente el tramo sobre la legendaria autopista Dalton Highway, que comunica Fairbanks con el océano Ártico, en la punta norte del continente.

Fue muy pesado, un trayecto de varios días. Y durante esos momentos pensaba: "¡Wow! ¡Esto ni siquiera es la mitad del viaje que voy a hacer en bicicleta!"

Pero se supone que estoy preparado. Salgo de mis pensamientos ruidosos y volteo a ver a Cristian y Anaid. Sonríen y sus caras dicen algo como: "Ya te trajimos hasta aquí. Ahora haz tu trabajo".

Tienen una expresión de extrema confianza en mí, pero precisamente eso me causa cierta inseguridad. Es como si no supieran lo que había en mi cabeza. No sé qué están pensando, tal vez que yo pienso superpositivo y creo que será pan comido.

En realidad, hay muchas cosas en mi cabeza que me están atormentando, particularmente si lo voy a lograr o no, así que vuelvo a mirarlos, mientras que para mis adentros me reclamo: "¿En qué momento convencí a estos güeyes de que yo podía hacerlo? ¿En qué momento se animaron a seguirme en esta locura?".

Dos locos

Visto en retrospectiva, no fue nada difícil convencer a Anaid y Cristian de acompañarme en esta odisea. Fue algo natural. Dicen que la locura llama a los locos.

Después de haber hecho tres viajes en bicicleta —primero dos exploratorios de mi casa en San Luis Potosí a Acapulco y luego de Alaska a México; seguidos de un tercero de México hasta Guatemala, Belice y de regreso—, yo seguía con ganas de viajar. Creo que me había vuelto adicto.

Cristian estaba estudiando cinematografía en la Ciudad de México. Vivía con mi hermana y ocasionalmente nos visitaban en San Luis Potosí. Dándole rienda suelta a nuestras ilusiones viajeras, terminábamos tramando cosas.

—Como que se me antoja romper un récord —le dije una vez a Cristian.

Él, que entendía perfectamente la comezón por viajar, era tal vez el único que me escuchaba en serio.

—Pero para romper un récord ya no puedes ir solo cargando tus cosas —me advirtió.

Ahora sé que hay gente que rompe récords cargando cosas, pero esto no se parecía a lo que teníamos en mente Cristian y yo.

—Sería más profesional si trajeras un vehículo de apoyo —agregó él.

Él pensaba en grande. Me platicaba de los patrocinios para este tipo de proyectos y me sugería buscar cualquier tipo de apoyos por aquí y por allá. Nos haría falta un mecánico, por ejemplo. También una camioneta y ropa deportiva.

Al poco tiempo Cristian se dio cuenta de que México no está para esas grandes empresas y que nunca te apoyarán si no eres futbolista de un equipo importante. Ahí es cuando, poco a poco, empezó a filtrarse la idea de que el apoyo sería él.

—Pues yo sí me animaría —concluía Cristian después de pensar caminando en círculos.

¡Yo nunca le dije que fuera él! ¡Él fue quien tomó la iniciativa! Y creo que nunca dejaré de agradecérselo.

La idea principal era que él iría en una moto, en la cual buscaría cómo meter las cosas. No cabe duda de que soñar no empobrece. Después nos dimos cuenta de que una moto no aguantaría tal viaje y sería una mala inversión y que era mejor pensar en las cosas que ya existían en casa. Y lo que había, para bien y para mal, era un coche. Entonces Cristian tuvo otra gran idea.

—Que venga Anaid. Va a haber espacio en el coche —dijo.

Cristian fue quien le planteó a Anaid que viniera. Recuerdo que al principio ella hablaba del proyecto como si no estuviera incluida.

—Yo quiero ir —decía ella de repente y en tono provocador.

Pero nadie, ni ella misma, se lo creía. Lo decía sin ganas porque sabía que esto iba a ser en serio. Entonces, Cristian se encargó de leerle la cartilla.

—Vas a ir —le dijo—, pero obviamente no sin hacer nada. Vas a tener que apoyar en lo que sea: hacer de comer, poner la casa de campaña o lavar la ropa.

Anaid y Cristian no tardaron mucho en dejar sus planes personales para venir a este proyecto. A nadie le extrañó. Ambos son aventureros. Cristian, por ejemplo, es el tipo de persona a quien no le cuesta trabajo decir: "Al diablo el trabajo, vamos a hacer esto".

Dios los hace y ellos se juntan, así que Cristian terminó con Anaid, otra persona aventada. Como yo lo veo, a ellos nunca les preocuparía dejar la rutina para perseguir una aventura.

Pero la decisión no estuvo libre de angustia. Por ejemplo, Anaid nos preocupaba mucho en el viaje. Ella fue diagnosticada con bipolaridad, lo cual no es ningún chiste. Quiere decir que de la nada puede sufrir ataques muy fuertes, y eso ha sido uno de los grandes retos en mi familia. Teníamos miedo porque no sabíamos qué iba a pasar cuando le diera un ataque allá.

—¿Qué vamos a hacer cuando eso suceda? —le pregunté a mi mamá, poco antes de iniciar el viaje, cuando las posibilidades de todo lo malo se veían inminentes.

—Pues ni modo —respondió ella con su tono valiente y afable—, van a tener que pagar un vuelo de avión de donde estén a San Luis Potosí o a México.

Los riesgos de esa posibilidad nos nublaban la cabeza. Además de la situación de mi hermana, sería también un gran gasto del escaso dinero para este proyecto, mismo que podríamos haber usado en otros insumos de ciclismo que tanta falta nos hacían.

¿Qué pasó después? Creo que la vida le ganó al temor. Anaid nunca, durante todo el viaje, padeció el ataque esperado. Creemos que era porque siempre estaba viviendo cosas nuevas, viendo nuevos paisajes y explorando la naturaleza.

¡Y quién la hubiera visto! La gente frecuentemente ve a Anaid como una chica fresita, pero no saben todo lo ruda que puede ser. ¡En ocasiones duró días sin bañarse! Y claro que le afectaba, pero se aguantaba. Otra chica hubiera dicho: "Basta".

Por su lado, Cristian aún batallaba en esos días por hacerse una vida en la Ciudad de México. Sus estudios de cinematografía y sus planes de trabajo eran bastante para llenarle la cabeza; entonces, tampoco la tuvo fácil.

En suma, Cristian y Anaid sí que le pensaron para dejar lo que estaban haciendo, pero la suerte ya estaba echada.

Bajo ese cielo grisáceo de Prudhoe Bay, después de sobreponerse a tantas adversidades, yo podía ver que Anaid y Cristian también querían esto. ¡Lo estaban haciendo con mucha pasión! Lo noté durante el camino de ida, pero fue más evidente en aquel momento antes de salir a conquistar el continente.

Mi *sherpa* rumano

Ese día hacía un frío horrible. Quizá el frío en sí no era tanto, pero la sensación térmica era brutal porque había demasiado viento y mucha humedad.

Antes de salir, decidimos desayunar. Teníamos una pequeña estufa, pero no había forma de encenderla. A pesar de que funcionaba con gas, las ráfagas de viento sofocaban cualquier posible llama. Cristian tuvo que acomodar nuestras maletas para hacerle un cerco a la pequeña hornilla y, después de batallar, logró cocinar una pasta instantánea. Al comerla reconocí todo el entusiasmo que le puso a esa sopa.

En ese momento debí saberlo. Anaid nunca haría de comer durante el viaje y yo lo evitaría lo más posible. ¿Por qué? Porque estaba bien cabrón. Y esto no tenía nada que ver con ser un gran chef, sino con ser capaz de cocinar en temperaturas muy bajas, lo cual implicaba sacar tus manitas al aire helado como si la temperatura no te afectara.

Cristian, quien es originario de Rumania, ya estaba acostumbrado a la nieve. En otras mañanas del viaje, cuando todos acabábamos de despertar, sacaba una cobija y se la ponía encima, como si fuera un ancianito raro con capucha. Luego se ponía a cocinar, aguantando el dolor del frío. A Anaid le daba risa eso.

—Míralo, todo loquito —decía ella.

Después de desayunar limpiábamos la bicicleta, porque tenía muy sucia la cadena. Durante todo el trayecto hasta Prudhoe Bay, la bici siempre estuvo amarrada a la parte trasera del auto. Como toda la carretera estaba llena de lodo, la bici llegó convertida en una colección de tierra de Norteamérica. Cristian la limpió lo mejor que pudo y, a pesar de que hacía mucho frío y sus manos se estaban congelando, hizo casi todo el trabajo.

Al ver estas pequeñas —¡pero enormes!— acciones de Cristian, como limpiar la bicicleta y cocinar en condiciones en las que nadie hubiera querido hacerlo, agradecí el haber conseguido a mi *sherpa*[1] personal.

A Cristian lo conocí el 8 de enero de 2012, cuando yo me iniciaba en el cicloturismo con mi viaje de San Luis Potosí a Acapulco. Ese día encontré a Cristian en las afueras del poblado de Huitzuco, Guerrero, y por dos días compartimos la ruta, los dos pedaleando hacia el bello puerto. Pasamos un buen rato juntos, pero él iba muy lento por todo el equipaje que cargaba, así que finalmente le dije:

—Yo voy a darle porque quiero llegar de día a Acapulco.

Nos dijimos adiós así sin más. Nunca podría haber imaginado que ese tipo bonachón y medio loco iba a terminar casado con mi hermana.

Cristian siempre dice algo:

—Yo siempre, a todos los viajeros, les doy un abrazo. Nada más que contigo se me olvidó al decir adiós y te fuiste. Nunca te di el abrazo, pero me quedé con tu familia.

---

[1] Las *sherpas* son guías o porteadores en las expediciones de alta montaña en el Himalaya.

Lo que pasó después de despedirnos en ese camino a Acapulco fue que, no recuerdo por qué razón, mi hermana me pidió el contacto de Cristian en Facebook. Creo que Cristian había viajado a una parte que mi hermana también ya conocía, y ella quería compartir algunas experiencias. Intercambiaron algunos mensajes primero y después cartas completas. Yo nunca supe que ellos se estaban escribiendo. Y de repente, un día, Anaid me dijo:

—Va a venir Cristian a la casa.

Yo ya ni me escribía con Cristian. Lo último que supe de él fue días después del viaje a Acapulco. Le había escrito deseándole que tuviera buen viaje.

—¿Cristian? —le pregunté sorprendido a mi hermana.

El resto es historia. Cristian vino a San Luis Potosí, se quedó unos dos meses en mi casa, se enamoró de Anaid, y viceversa. Pronto empezamos a darnos cuenta de que ambos estaban saliendo mucho. Para cuando Cristian tenía que volver a Cancún, todos sabíamos que ellos ya eran novios.

Cristian, quien había llegado a México persiguiendo solo una aventura viajera, empezó a padecer las consecuencias de la relación y nos daba a entender que ya no se quería ir del país. Le gustaba Anaid y quería empezar una vida aquí, ya no de ciclista y ya no para viajar.

Entonces, Cristian regresó a Cancún, donde había radicado hasta el momento, para buscar trabajo y una manera de quedarse en el país. En vez de obtener un trabajo fijo, decidió estudiar. Al poco tiempo terminó en la escuela de cinematografía. Después consiguió un departamento y le ofreció a Anaid ir a vivir con él a Cancún. Ella hizo caso y estuvieron viviendo allá un tiempo antes de instalarse juntos en la Ciudad de México.

Tiempo después, Anaid y Cristian volvieron a San Luis Potosí para visitarnos. A él lo habíamos adoptado como el novio de mi hermana. Nos caía muy bien a mí y a mis papás. Definitivamente, ya lo queríamos. No tardaron en salirnos con que querían casarse, lo cual hicieron unos cinco meses después.

La boda fue muy chistosa, porque Cristian y Anaid son dos aventados sin escrúpulos. En la ceremonia solo estábamos yo, mi papá, mi mamá, Gauss —era muy importante para Anaid que estuviera Gauss, mi perro—, mi abuelo y mi abuela. Anaid invitó además a Tomasa, quien nos cuidaba de chiquitos y quien la hizo de testigo. Tomasa siempre ha estado con nosotros desde que yo tenía algo así como seis años. También asistió una prima con su novio e igualmente fueron testigos. Estamos hablando como de siete personas. Aparte estuvieron la juez y una fotógrafa. Y ya, eso fue la boda.

Hubo una parte de la ceremonia en que todos nos dimos un abrazo. Nunca se me olvida que, cuando Cristian me vio por primera vez en la carretera, se presentó por su nombre y me extendió la mano con una sonrisa. Entonces, en esa parte de la boda en la que todos nos abrazamos, Cristian me dio de nuevo la mano y puso esa misma cara. Me hizo revivir nuestro primer encuentro.

"Te di la mano cuando eras un desconocido y ahora eres el esposo de mi hermana", pensé entonces.

Los otros invitados que no mencioné eran dos computadoras que transmitían por Skype. En una se veía al papá de Cristian, que trabaja en España, y en otra, a la mamá, quien vive en Rumania. Con la mamá de Cristian estaban también su vecina —que parece muy amiga de la familia— y el mejor amigo de Cristian junto con su novia. Algo así.

El papá de Cristian tenía la computadora en su escritorio, o eso aparentaba por el encuadre. Pero fue gracioso que la mamá la tenía al final de la mesa rectangular, como si fuera una persona más sentada en la cabecera.

Durante la boda, cuando la jueza dijo que ya estaban casados, el papá empezó a llorar. Su llanto se escuchaba mucho. Creo que el micrófono estaba muy cerca de su boca, así que era muy notorio. De parte de la mamá de Cristian, todos estaban observando fijamente.

Después de la boda, Cristian nos contó que, cuando se casaron, su mamá preguntó:

—Oigan, ¿ya se casaron o qué?

La señora no hablaba español y no había entendido nada de la ceremonia.

👓 Silencioso pero rudo

Antes de salir de Prudhoe Bay, Cristian ya había hablado con el guardia de seguridad de la empresa petrolera que operaba en el punto de donde pretendíamos partir. Le explicó qué íbamos a hacer y que necesitábamos de su parte una firma que precisara la hora a la cual salíamos. El guardia fue amable, en la medida de lo posible.

—No pueden quedarse aquí más de seis minutos —nos dijo—. Tómense las fotos que necesiten, pero sean discretos porque la seguridad no me permite ser tan accesible con ustedes.

Mientras transcurrían los seis minutos, Cristian le dio a firmar una bitácora en la cual apuntaríamos todos los lugares que íbamos a cruzar durante el viaje. En ella reuniríamos firmas de testigos, fechas y horas, porque es uno de los requisitos fijados por los Guinness World Records para validar la consecución de un logro.

El guardia de seguridad apuntó su nombre y sus datos: "Caseta número uno, 12:30 del día 21 de agosto de 2015. Larry Rendon, Central Check Point, Dead Horse, Alaska". Luego apartó la vista del documento y se dirigió hacia mí:

—Ya está. Ya puedes salir. ¡Estás perdiendo segundos! —dijo.

Y sin más, empecé a pedalear.

No hubo un gran *sprint*. No fue una salida potente. Fue como si cualquier otra persona se hubiera subido a una bicicleta y comenzado a pedalear. Pálido inicio para la historia de un récord mundial, lo sé. Pero así fue y no tiene caso aparentar lo contrario.

De hecho, fue un arranque que sentí muy plano. Fue discreto pero rudo. Quizá porque había mucho ruido alrededor y mucha conmoción, y no nos dábamos cuenta de las cosas que pasaban a nuestro alrededor. No fue sino hasta que llegamos a Fairbanks cuando nos tranquilizamos un poco y empezamos a poner más atención al mundo.

Esa parte inicial fue pura terracería, la peor cara de la Dalton Highway. Ahí noté por primera vez que el viaje iba a ser difícil. Estaba lleno de baches, que me hicieron descubrir que me dolerían las manos en todo momento. Lo que sucedía es que, con el recorrido, la bicicleta vibraba y eso me transmitía los golpes de la bicicleta directo a las manos. Entendí entonces que no podría sujetar tan fuerte el manubrio y que necesitaría llevar los brazos un poco flojos para amortiguar los golpes.

También caí en cuenta de que la llanta derrapaba. Me refiero a que, si pedaleaba muy fuerte, la llanta giraba sola sin lograr tracción sobre el suelo. Empecé a descubrir varios otros detalles, como que me cansaba demasiado y que el viento iba a hacerme la vida difícil durante esos días.

En medio del fastidio inicial, también ocurrió algo inesperado que me cayó como un rayito de sol en medio del frío. En los minutos en los cuales estuve montado en mi bicicleta antes de salir, una camioneta que iba a entrar en la empresa petrolera se frenó delante de mí. El conductor sacó la cabeza y preguntó:

—¿A dónde vas?

—A Argentina —respondí.

En esa zona es muy común encontrar ciclistas, caminantes, motociclistas y viajeros en general, porque es donde empieza la aventura: Prudhoe Bay. Sin embargo, al conductor de la van le llamó mucho la atención verme. Se frenó y de su vehículo bajaron turistas. Supuse que iban a los glaciares cercanos, porque ahí hay un recorrido para el cual la empresa petrolera, a cambio de un pago, da permiso de cruzar por sus instalaciones para llegar a los glaciares que están en la costa dentro de la jurisdicción del gobierno. Los turistas, todos con cara de norteamericanos, empezaron a tomarnos fotos.

—¡Muy bien! —nos decían, intuyendo lo que hacíamos.

Luego se subieron a la camioneta y se internaron en la petrolera. Pasó quizá una hora y, cuando yo andaba en pleno pedaleo hacia el sur del continente, pasó nuevamente aquella van blanca con sus tripulantes. Esta vez me aplaudieron. Ellos no podían saber lo que yo iba a hacer, como tampoco sabían que yo en verdad necesitaba esos aplausos. Me ayudaron a ponerle algo de entusiasmo a lo que, por lo demás, fue una salida silenciosa.

En taekwondo uno está acostumbrado a que tu equipo te grite: "¡Vamos, Carlos!". Generalmente hay mucho ruido en esas ocasiones. Tus amigos te dan golpecitos en el hombro, mientras te dicen: "Muy bien, Carlos, en cuatro minutos entras". Acá, en medio de la nada norteamericana, sentía que iba a hacer algo mucho más grande y, sin embargo, la salida fue más modesta. Era una sensación extraña.

Condiciones para rajarse

Allá iba yo pedaleando hacia un propósito brillante. Pero durante todo el tramo desde Prudhoe Bay hasta Fairbanks —la primera ciudad que vería— siempre estuvo nublado. Fueron alrededor de 800 kilómetros de grisura, que contrastaban con mis expectativas. No fue la salida llena de luz y vida que yo había imaginado. Todo era agreste.

Con esto quiero decir que ese día estaban puestas todas las condiciones para que yo me hubiera rajado o, al menos, para que hubiera perdido el ánimo. No quiero que me compadezcan; es solo que, viendo a la distancia ese instante de mi vida, me doy cuenta de que estaba pasando por momentos difíciles. Es absurdo que justo entonces también estuviera rompiendo un récord mundial.

Al momento de salir en coche de San Luis Potosí a Alaska, mis padres se estaban separando. No los culpo. Ningún papá entrena para separarse de su pareja, pero ellos de alguna forma le hicieron mucho ruido a su ruptura. Creo que pudo haber sido una transición más tranquila. Pudo haberse asimilado de una forma más fácil, pero invariablemente terminaban discutiendo el asunto enfrente de mí. ¿Qué no podían hablarlo entre ellos dos?

Una vez, de la nada, nos llamaron a mí y a mi hermana porque querían poner la casa a nombre de mi mamá y mío. La idea era de mi mamá, quien me reclamaba:

—¡Es que tu papá puede sacarnos de la casa, Carlos! ¿No lo entiendes?

Fue un momento mucho muy ruidoso. Yo conozco a mi papá y nunca nos sacaría de la casa. Pero para mi mamá era un motivo de locura, así que terminamos en una notaría, tratando de arreglar los papeles de la casa y con mis padres gritando en público. En suma, pleitos innecesariamente grandes.

Antes de que yo partiera de casa, mi mamá le dijo a mi padre:

—¿Sabes qué? Aquí ya no te quiero ver.

Mi papá se estaba quedando entonces en casa de mi abuelo. Para mí eso fue raro y también me afectó. ¡En esta casa tenemos más cuartos! Entiendo que a veces simplemente no quieres ver a la persona con quien has peleado, pero pensé que la situación iba a estabilizarse y mi padre volvería a dormir en casa, quizá en otro cuarto. No fue así. Cuando finalmente me fui, a mitad del viaje me enteré de que mi papá ya vivía en otra casa.

La situación era tan desafortunada que yo mismo, antes de salir al récord, me di cuenta de que ya evitaba estar en casa. Iba a la universidad, regresaba a casa, iba a hacer mi entrenamiento de ciclismo y a eso de las siete u ocho de la noche volvía solo para bañarme y salir a casa de mis primos. La pasaba encerrado con ellos, aprovechando que viven en el mismo fraccionamiento que yo. Notaba que, de cierta forma, ellos me estaban consintiendo. Intentaban que yo olvidara lo que estaba ocurriendo en mi casa.

Sin embargo, no me di cuenta de que quizá mi mamá me necesitaba cerca, o que tal vez a mi papá le hubiera reconfortado que lo visitara en casa de mis abuelos o algo así. Yo pensaba que a mis padres los iba a ver juntos hasta el día de su muerte, viviendo en la misma casa y durmiendo juntos. Pero no fue así. Entonces, cuando yo estaba intentando romper el récord, esta situación ocurría en casa y me ocupaba la cabeza.

Además de mi familia resquebrajándose, hay otra emoción de la que no sé cómo me desconecté.

Antes de contarlo debo precisar que yo crecí de una forma muy lenta. Mientras los chavos a los 15 años vivían en sus quince, yo me quedaba en mi cuarto entretenido con videojuegos, tal vez algo de niños de 12 años. Más adelante, mientras los mismos chavos se ponían pedos a los 18, yo seguía en mi cuarto viendo películas y produciendo música electrónica, que me gustaba mucho. Es decir, siempre iba un paso atrás de mi generación. Cuando ellos ya habían entrado en la rebeldía, yo aún veía para todos lados, manso, desde mi casa. En cierto momento, los chavos de mi salón ya hablaban mucho de mujeres. No era que a mí no me interesaran, pero todavía no jalaban mi atención.

Meses antes de partir al récord, conocí a una chava de Zacatecas que había llegado a San Luis Potosí. Se llamaba Maydé. Ella terminó en mi ciudad por situaciones difíciles. Tenía problemas con su familia y vino para alejarse de eso. Esta chava trabajaba en la tienda que tiene mi papá y ahí la conocí. Era la segunda chica que llamaba mi atención y fue la primera mujer con quien salí en un plan diferente.

A los 23 años estaba viviendo cosas nuevas. ¡Yo no sabía lo que era salir tomado de la mano de una chica! Terminé enganchándome fuerte con esta chava, pero había algo que sentía extraño en ella. Quizá yo también tuve la culpa. Veía en ella algo de inseguridad: algo me decía que, cuando yo partiera a romper el récord, el tiempo y la distancia iban a terminar con nuestra relación. Cuando me despedí de ella, me dolió bastante. Me afectó, porque sabía que el récord iba a terminar con el vínculo que habíamos formado. No fue mi novia, ¡pero la sentí como tal! Fue la primera chica con quien tuve esa sensación de querer y sentirme querido.

A Maydé la conocí de una forma muy curiosa. La tienda de mi papá está cerca de nuestra casa. Una vez llegó a trabajar ahí una chava que tenía unos 28 años y venía de Sonora. Se llamaba Azucena. Cuando yo iba al negocio de mi padre, ella quería hacerme plática, pero yo a veces no soy muy social y no la pelaba. Luego me enteré de que Azucena tenía una hermana y que ella también trabajaría en la tienda.

Mi papá y Azucena se habían hecho amigos y empezaron a conspirar: "Hay que presentarlos", cuchicheaban entre sí, seguramente como adolescentes pícaros. Así fue como Maydé, quien entonces tenía 19 años, llegó a mi vida. Un día que llegué a la tienda, mi papá me dijo:

—Mira, quiero presentarte a alguien.

Mi papá me puso frente a Maydé. Yo la miré y le dije:

—Hola.

La chica se puso muy roja por los nervios. Yo aproveché y hasta me puse en plan rudo.

—¿Qué, te comió la lengua el ratón? —le pegunté.

—No.

25

Cuando volteé a ver a mi papá y a Azucena, se estaban riendo de su travesura. El resto del día, en que yo debía apoyar a mi padre en el negocio, conviví con esa chica de una manera indiferente.

—¿Ya contaste eso? —le preguntaba, mientras hacíamos el inventario.

—Sí, ya lo conté —respondía ella.

—¿Qué productos faltan?

Al final de cada inventario, mi papá siempre tiene la costumbre, si las cuentas salieron bien, de traer algo de comida a la tienda para comerla con todos los trabajadores. En esa ocasión fueron carnitas. En algún momento me acerqué a hablar con Maydé, quien ya empezaba a caerme bien. Ella me preguntó:

—¿Hay alguien que te guste?

—Sí, sí hay alguien. Y de hecho viene aquí a la tienda. Es una clienta y está muy guapa. ¡Pero ni modo de invitarla a salir o hablarle así de la nada!

—Pues si alguien me invitara a salir, yo lo aceptaría, aunque no lo conociera —dijo Maydé muy decidida.

Yo aproveché el momento y contraataqué:

—¿Quieres salir conmigo?

Ella tardó en reaccionar, así que insistí:

—Sí, acabas de decir que, si un desconocido te invitara, aceptarías.

—Ah, pues... bueno. Salgamos el viernes —concluyó ella.

Para mí, Maydé estuvo muy relacionada con la separación de mis padres, porque se hizo muy amiga de mi papá, tanto ella como Azucena, su hermana mayor. Mi padre ya casi no iba a la casa y, cuando entraba, no me hablaba. Se veía muy triste. Solo iba por algún papel que le hacía falta y volvía a salir.

Tiempo después, me di cuenta de que estas chavas tenían una especie de "martes de café" y que con ese pretexto invitaban a mi papá a salir. Para mí eso fue algo muy lindo; sentía que a mi papá le caía bien porque se estaba hundiendo en la depresión.

Este vínculo hizo que Maydé me llamara aún más la atención. Para cuando los martes de café se habían institucionalizado entre ellas y mi papá, yo ya estaba saliendo con Maydé. De cierta forma me había encariñado con estas dos chicas, pero me enamoré de una: Maydé.

26

El primer día que salimos, pasé por ella a su casa, que está cerca de la tienda, y fuimos a un bar. Ella me dijo:

—Tú, ¿a qué te dedicas, Carlos?

—Soy estudiante de Ingeniería Física —respondí.

—Sí, eso ya lo sabía.

—Ah, ok. ¿Y cómo lo sabes? —me intrigaba que ella supiera cosas que yo no le había dicho—. Bueno, también entrené taekwondo.

—Sí, ya también lo sabía —zanjó ella.

—Y me gusta el ciclismo.

—Eso también.

Me di cuenta de que mi papá le hablaba mucho de mí. Yo no le veía caso a volver a contarle lo que ella ya sabía, pero me dijo:

—No importa, ahora cuéntamelo tú.

En medio de la plática y del bullicio del bar, nos dimos el que fue mi primer beso.

Entre otras cosas, Maydé también sabía que yo estaba preparando lo del récord. Ya había escuchado de mis otros viajes. Y todo ello, por supuesto, de boca de mi papá. Hacía tiempo que mi mamá me había dicho:

—Es que tu papá siempre te está presumiendo ante la gente.

Y Maydé me mostró que era cierto. Ella ya conocía toda mi vida a través de mi papá. ¡No me lo imagino contándole esto a ella! ¡¿Con qué motivo?!

Sabía que lo que tenía con Maydé iba a terminar tan pronto como yo estuviera lejos, pero me autoengañaba. Me repetía a mí mismo:

—Ah, cuando acabe esto, voy a regresar a ella.

Pero a las dificultades de estar separados debía sumarle que ella era una chica muy insegura. Lo sabía porque llegó a decirme cosas como:

—¿Sabes, Carlos? Contigo me siento extraña. Yo siempre he estado en el otro papel, en el que los chicos quieren conmigo. Pero ahora siento que las cosas están al revés. Yo quiero contigo, pero tú no tanto.

¡Y en verdad no! A mí ella me gustaba mucho. Pero le veía muchas inseguridades. Me contaba de sus relaciones pasadas y me di cuenta —eso creo y se lo he dicho— de que ella no puede estar sola. Siempre prefiere estar con un chico.

Ella vino a San Luis Potosí solo un semestre, porque tuvo un problema familiar muy fuerte. Estuvo esos seis meses estudiando la preparatoria; se había retrasado por sus conflictos personales. Con el tiempo, me di cuenta de que, cuando yo me alejara, ella buscaría estar aferrada a alguien, a un chico que la cuidara y la procurara, no a un típico novio. A ella le gustaba ese tipo de novio que también parece papá.

Para mí era difícil pedalear con la tristeza y otras emociones negativas encima. Tal vez esté equivocado pero, de la manera como yo lo veo, esta no era una carrera de 100 metros planos, que dura ocho segundos y en la cual el deportista puede olvidarse de todos sus problemas. Acá serían más de 100 días durante los cuales iba a pedalear en promedio 10 horas diarias. Era obvio que no iba a tener la mente en blanco en ese transcurso. Sabía que todos estos pensamientos nefastos iban a atacar mi cerebro en algún momento.

Hoy me analizo y concluyo: yo soy una persona exageradamente sentimental. No sé cómo pude viajar en ese momento: desconectar todos esos lazos, simplemente olvidar esa parte de mi vida y pedalear como si nada pasara. Pensar en eso me asombra y me digo: "¡Wow, Carlos! Tú eres alguien muy de sentimientos y estuviste ahí pedaleando como un maldito robot".

La bici cómoda y las rozaduras

Pasaron las horas y yo continuaba pedaleando. Pasaron la primera, la segunda, la tercera, y me di cuenta de que la bicicleta que había escogido para este viaje era muy buena. Se sentía muy ligera en comparación con otras que había tenido, y me parecía muy cómodo pedalearla. Mi fascinación con ella era tanta que al principio, cuando la tocaba, no podía evitar pensar: "¡Wow, voy a llegar muy rápido!".

Pronto empecé a acostumbrarme a esa ligereza y logré que me pareciera normal. Habíamos comprado la bicicleta en Canadá. Preferimos adquirirla ahí porque nos la dieron a un precio muy bajo. El tipo de bicicleta que yo quería era de 11 pasos, a la cual también se le conoce como de 11 velocidades. Y esta nos costó 1 400 dólares canadienses (poco menos de 20 000 pesos mexicanos); por ser de 11 pasos no íbamos a encontrarla más barata en ninguna otra parte del mundo. En México esas bicicletas, aun las más baratas, cuestan a partir de 36 000 pesos.

Además era de la marca FELT, que apenas acababa de salir al mercado. La busqué por todas partes y, como era una novedad, casi ninguna tienda la tenía. La estuve buscando en varios lugares por donde pasaríamos en coche, como Salt Lake City, y no estaba. No la encontré sino hasta que chequé en Canadá. La tenían en Edmonton. Resulta que solo tenían una y esa única era de mi talla. Entonces tuve mucha, mucha suerte. Recuerdo que Cristian les dijo a los de la tienda que les pagaba la mitad para apartarla. Ellos le dijeron que con confirmar que la quería era suficiente, pero Cristian, después de varias experiencias descorazonadoras en México, dejó de creer en promesas y quiso garantizar que la tendríamos a toda costa.

—No, no. ¿Cómo puedo asegurarla? —insistía Cristian—. Es que vamos a romper un récord y no quiero llegar hasta Canadá y que, de repente, ya no tengan la bicicleta.

Los de la tienda, muy buena onda, nos mandaron una carta de su director en la cual garantizaba que esa bicicleta estaba apartada para nosotros. Cuando llegamos a Edmonton, ahí estaba. Y literalmente, nunca la usé hasta el día de salir a perseguir el récord. Era una bicicleta en verdad muy cómoda.

Seguí pedaleando, pasaron seis horas y me di cuenta de que, al revés de la bicicleta, la ropa que traía no era muy cómoda para pedalear. Después de considerar los ahorros que mi familia y yo habíamos reunido en conjunto, habíamos decidido no comprar ropa de ciclismo para pedalear en el frío, porque habíamos leído en internet que pronto habría una ola de calor en la cual sería absurdo llevar ropa invernal.

Lo que hicimos, en cambio, fue improvisar. Me había puesto un pantalón térmico blanco, encima me puse el short, después un pantalón deportivo y luego otro. Arriba traía una playera térmica, el *jersey*, una camiseta de manga larga, una sudadera y una chamarra. Y, de bufanda, llevaba una camiseta que simplemente me ponía sobre el cuello sin pasarle los brazos.

El problema era que toda esta ropa causaba rozaduras, sobre todo entre las piernas. Al final del día tenía puntitos de sangre que dolían demasiado.

👓 Peregrinar por apoyos

Uno piensa que, cuando va a emprender un reto deportivo de este tipo, va necesariamente con el mejor equipamiento. Y no. Eso puede verse en los Juegos Olímpicos, cuando los deportistas mexicanos se quejan de que no les dieron el equipo correcto. Pues bien, eso es cierto y me pasó. Yo no salí con patrocinios ni nada parecido. Toda mi familia apoyó con lo que pudo.

Y no es que no hayamos pensado en pedir ayuda. De hecho, pasamos largos meses tratando de que alguien creyera en nuestro proyecto lo suficiente como para apostarle algo de dinero. Cristian fue el líder en esto. Cuando decidió que quería entrarle a este viaje y que yo necesitaría un vehículo de apoyo, se le ocurrió también la grandiosa idea de grabar un documental, es decir, aprovechar la camioneta para llevar a todo un equipo de filmación.

Supongo que la idea vino de sus días metido en una escuela de cinematografía. Como sea, Cristian estaba tan convencido de la idea que le llevó la propuesta al director de su escuela.

—Sí, vale. Yo me animo. Vamos a producir esto —le respondió el director sin pensarlo mucho.

El tipo nos pintó la situación bien grande. Dijo que él se la iba a rifar, que invertiría tantos millones en el documental y no recuerdo qué tantas fantasías más. Pero en ese momento no sabíamos qué esperar. Nos tuvo en expectativa durante casi un año. Tenía juntas cada cierto tiempo con Cristian, en las cuales decía:

—Mira, ya está saliendo un patrocinio con esta y aquella otra marca. Todo va bien.

Nos dimos cuenta de que el tipo era un hablador. Por otras lenguas, nos enteramos de que sus antecedentes dejaban mucho que desear, no tenía méritos propios y ni siquiera era un buen productor. No dudo que nos hubiera querido apoyar, pero simplemente no ocurrió. Cuando Cristian se desesperaba y le ponía algo de presión, la respuesta era la misma:

—No lleves tu proyecto a otras partes. Yo lo voy a sacar.

Después de tenernos un año esperanzados, nos confesó que no iba a poder. En suma, nos hizo perder 12 meses y no aportó un solo peso a la causa.

Luego de este descorazonador incidente, Cristian se puso las pilas y decidió buscar a productores serios. Encontró a uno en la Ciudad de México, de quien, siendo honestos, tampoco sabíamos mucho. ¡Y es que es bien difícil encontrar a alguien a quien le guste tu proyecto lo suficiente como para financiarlo!

Nuestro nuevo productor al menos tenía un documental medianamente exitoso. Entonces, parecía que iba a lograr algo. En poco tiempo nos consiguió una entrevista con una de las principales televisoras del país, lo que para nosotros en ese momento era indudablemente un motivo de esperanza. Pero el trato con la empresa de televisión iba más allá de una entrevista. Incluía que seríamos seguidos por ellos en exclusiva y entrevistados al menos dos veces a la semana.

Cristian asistía puntual a juntas con conductores y directivos de la televisora, quienes querían hacer de Carlos Santamaria un sello de la casa. Planeaban algo grandísimo y tenía cita con ellos todos los jueves. Incluso llegamos a conocer al director de la cadena y al director de contenidos. A pesar de que el productor transpiraba cierta inseguridad, ¡nos estábamos codeando con los grandes!

—¡Creo que este productor sí lo está haciendo! —dijo Cristian en algún momento.

Yo también llegué a asistir a las juntas. En ellas estaban todos los meros meros de la televisora. Saludé a los peces gordos, al productor, al director de *marketing* y al que se dedica a contenidos de ciclismo.

A una de las reuniones llegó a asistir el fotógrafo que habría de acompañarnos durante el recorrido. Nada menos que un antiguo asistente de fotografía de películas galardonadas en el festival de cine de Cannes y del laureado cineasta mexicano Carlos Reygadas. Estaba también una periodista que habíamos conseguido, porque los de la televisora pedían que una reportera me entrevistara periódicamente en el camino.

Los de la televisora en algún momento mandaron camarógrafos a mi casa a entrevistar a toda mi familia. Nuestra sala la transformaron en un estudio, con luces y rebotadores. Después, de ahí fuimos al centro de San Luis Potosí, donde me grabaron y entrevistaron caminando. Luego me llevaron a mi universidad y conversaron con profesores y alumnos sobre mí.

Para no hacer el cuento largo, era un equipo de élite. En el clímax de esta experiencia, el director de ciclismo me llamó.

—Bueno, Carlos. Te tenemos algo preparado; es una sorpresa.

Me explicó que la televisora quería que, cuando yo pasara por México en mi ruta hacia el Cono Sur, me dejara acompañar por 20 000 ciclistas, quienes integrarían una gran rodada en la que participarían también celebridades. Era algo de muy alto impacto.

—Al final, tú seguirás tu camino y te vamos a despedir con un concierto de bandas de México —me explicó el directivo.

Todo eso era demasiado grande y nos llevó a interesarnos en cómo se costearía. ¿Qué pasaría? La televisora no pondría dinero. Solo nos pondría ante las cámaras para darnos fama. Como condición, todo el material sería exclusivamente para ellos. ¡Pero eso no nos solucionaba el problema de los gastos! Nosotros aún debíamos buscar dinero y de eso tenía que encargarse nuestro productor.

Para poner la plata, el productor había conseguido el patrocinio de una gran compañía automotriz estadounidense que nos proporcionaría un coche, una camioneta y varios millones para el proyecto. Pero aquí fue nuevamente cuando las ilusiones se resquebrajaron. Supongo que nadie suelta dinero así como así.

Empezamos a darnos cuenta de que el proceso era muy lento y el dinero no llegaba. Cuando hablábamos con él, solo nos daba evasivas.

Concluimos que el productor no lo estaba haciendo tan bien como pensamos en un principio. Empezaron a sucederse los días con nuestros bolsillos aún vacíos y entendimos que no estaba saliendo nada. Un día a Cristian se le acabó la paciencia y fue a ver al productor.

—¿Sabes qué? Dinos si va a salir esto o no —dijo Cristian en tono de ultimátum.

El productor se sinceró, hizo un esfuerzo por ser concreto y dijo:

—Mira, solo tengo 100 000 pesos y puedo prestarte una camioneta. Pero quiero que estén grabando solo para la televisora.

La verdad 100 000 pesos para un viaje como el que planeábamos no era nada. Él quería hacerse de los derechos exclusivos mediante un pago mínimo, lo que me parecía muy desventajoso para nosotros. Entonces rechacé la oferta. Cristian intervino y definió el resto del plan.

—Bueno, ya fue suficiente, Carlos. Yo voy a ir como tu vehículo de apoyo.

Cuando estábamos en todo este proceso de búsqueda, nos dimos cuenta de que todos los grandes dueños del dinero se conocen. Y, al momento en que vas a buscar patrocinio con uno, te lo niegan si saben que terminaste mal con otro, así que terminamos asqueados de la forma en que se manejan los negocios en este medio y sucedió lo obvio: nos privamos de los patrocinios importantes. Nunca nos apoyó nadie grande.

Para juntar dinero, yo estuve trabajando con mi papá en la tienda de la familia. Pero lo que gano ahí nunca me hubiera alcanzado para hacer un viaje de tal magnitud, así que se juntó todo el mundo a mi alrededor, no solo mis padres, sino también familiares. Es más, ¡hasta los papás de Cristian cooperaron para este proyecto!

Hoy aún le debo a medio mundo: a todos los familiares y amigos que creyeron en mí y aportaron de corazón, no como inversión. No sé qué les debo, la verdad. Sé que dinero no. Y, aunque sé que la deuda es grande, no me arrepiento.

Un día ruidoso

Ese 21 de agosto, después de haber aparecido en cadena nacional y ser retratado como un héroe, empecé mi viaje de manera anónima, sin cámaras, ni reflectores y sin que nadie, más allá de mis seres queridos, estuviera enterado.

Después de las primeras horas, seguí pedaleando y descubriendo molestias inesperadas que no me dejaban avanzar como yo quería. Lo peor, sin duda, era el frío. Fue catastrófico para cumplir este tipo de reto, no solo porque era incómodo, sino porque me hacía quemar más calorías. ¡Me daba hambre constantemente! A cada rato, tenía que pedir un sándwich de Nutella o un plátano.

También había grandes subidas en la carretera. Ya había ascendido antes ese tipo de pendientes, pero no con ese suelo de grava tan resbalosa. Recuerdo una subida con un ángulo tan pronunciado que simplemente no podía pedalear. La llanta se resbalaba porque era completamente lisa. Tuve que desmontar y correr con mi bicicleta al lado, para no perder tiempo.

Como ese, hubo un sinfín de factores que yo no había tomado en cuenta y ante los cuales debí ir improvisando.

La técnica con la que viajábamos era la siguiente: Cristian y Anaid se adelantaban unos 10 kilómetros y me esperaban. Cuando finalmente los alcanzaba y pasaba junto a ellos, les tiraba mis botellas de agua. Ellos las recogían, las llenaban y volvían a adelantarse, de manera que Cristian estaba ya esperándome con mis botellas de agua fresca. Yo reducía un poco la velocidad, él corría a mi lado hasta que conseguía darme las botellas. Así seguimos durante todo el camino. En ocasiones también me daba una bolsa de cacahuates o un plátano.

Esta técnica ya la habíamos planeado antes, pero fuimos mejorándola. Al principio era difícil, por ejemplo, empatar la velocidad para que Cristian corriera conmigo. Se nos caía la botella y cosas así.

Finalmente nos dio la primera noche. Ese día pedaleé hasta muy tarde, aprovechando que en esa época en Alaska estaba oscureciendo alrededor de las doce de la noche.

Yo pedaleaba, buscando dónde estaban Cristian y Anaid. Pero en esta ocasión ellos no se habían adelantado 10 kilómetros, sino unos 20, con la idea de instalar la casa de campaña y tenerla lista cuando yo llegara. Ellos creían que yo aún tenía suficiente agua. Yo ya no veía absolutamente nada porque ya había oscurecido, pero seguía pedaleando en medio de la noche. No había nada de peligro porque no es una carretera muy transitada, mucho menos de noche. Sin embargo, empezó a darme una sed terrible.

No sé qué pasa con los animales en Alaska. Tal vez sea porque la gente les da de comer, pero empezó a seguirme una lechuza. Volaba en círculos muy cerca de mí, como a unos siete metros de altura. Me siguió durante unos 10 minutos.

Yo no soy una persona de señales. Creo que más bien pasa como en la playa, cuando alzas una papita y viene una gaviota, así que, en esta parte del continente supuse que habría cazadores cerca y de repente tiraban comida. Quizá por eso a la lechuza le dio por seguirme. Fue curioso, pero un poco perturbador.

Seguí pedaleando y lidiando con la sed. Hay una parte de la Dalton Highway, esa carretera que lleva de Prudhoe Bay a Fairbanks, que está llena de cazadores. Me encontré con unos. Todos ellos acampaban en los costados del camino. Me les acerqué. Vi que estaban alistándose para salir, porque usaban sus uniformes camuflados.

—¿Tienen agua? —les pregunté.

—Sí, por supuesto —me respondió uno de ellos.

Me dio una botella de agua que me acabé muy rápido, lo cual sorprendió al cazador.

—¿Quieres que te llenemos tus ánforas? —agregó el mismo.

—Sí, sí.

Mientras las llenaban, se me ocurrió preguntarles qué cazaban ahí.

—Alces —me respondieron.

—Aquí debes cazar con arco, porque, si disparas, ahuyentas a las presas y después no habrá alces. Es ilegal aquí cazar con armas que hagan ruido.

Un cazador me explicó que normalmente salen cerca de las dos de la mañana.

—¿Y a los osos, los pueden cazar? —pregunté.

—No, eso es ilegal. Pero, si lo haces, que al menos nadie te vea.

Los cazadores se rieron de su propia respuesta y yo pensé: "Seguro que han matado un oso".

De nuevo en el camino, hidratado y con suficiente agua, me sentía muy bien. Seguí pedaleando y, como a las doce y media o una de la madrugada, encontré en un costado de la carretera a Cristian y Anaid, ya instalados con la casa de campaña.

La escena me sorprendió y me pareció algo rara, porque yo nunca había viajado con un vehículo de apoyo. Es decir, sabía que ellos eran mi vehículo, pero de repente sentí que estaban haciendo mucho por mí y casi me estaban consintiendo.

Cuando observaba mi casa de campaña y trataba de reponerme del cansancio, llegó Anaid y dijo con urgencia:

—¡Métete en tu casa de campaña, ya métete! Ahí te vamos a llevar la comida.

Cristian se puso a cocinar rápidamente. No había querido hacerlo antes para que la comida no se enfriara. Había mucho viento y de nuevo era difícil encender la estufa. Finalmente logró cocinar una sopa de tallarines, una lata de frijoles dulces, salchichas y huevos, y me pasaron una ración a mi casa. Ellos no comían, sino que esperaban que yo comiera, porque su prioridad era asegurarse de que yo ingiriera suficientes calorías y me repusiera. Yo dentro de la casa y ellos afuera.

Comí la sopa de tallarines y se me hizo muy rara la forma en que me estaban tratando. Me cuidaban mucho.

"Rayos, no estoy haciendo nada. ¿Por qué no preparé mi sopa yo mismo?", pensaba.

Pero de nuevo, Anaid y Cristian eran mi vehículo de apoyo y me estaban brindando su ayuda. Ellos estaban dispuestos y yo tenía que hacerme a esa idea. Abrí el cierre de la casa de campaña y le dije a Anaid:

—Ya terminé. Pero espera; voy a hacer del baño.

Salí a hacer pipí. Y, cuando Anaid notó que ya había terminado, fue por mí.

—¡Ya vuelve a meterte en tu casa de campaña!

Me parecía un cuidado extremo. Recuerdo que, cuando volví a entrar, me dieron una pastilla; creo que era una aspirina. También prepararon un té con leche condensada —el cual me darían a beber durante el tramo frío— y lo metieron a la casa para que yo lo tomara.

Ellos decidieron dormir dentro del coche, ya que no traían muchas cobijas como para permanecer fuera y dormir calientes. Escuché que dejaron el auto encendido y con la calefacción funcionando. Noté que no lograron dormir bien. Yo tampoco. Los tres estábamos muy aturdidos.

Esa noche fue un rosario de esfuerzos fallidos para dormir. Yo escuchaba cuando Cristian y Anaid volvían a encender el coche a las tres de la mañana y luego lo apagaban. Después lo volvían a prender a las cinco de la mañana, cuando el frío les volvía a calar los huesos. Y así se la llevaron.

La situación se volvió muy ruidosa y yo alcanzaba a escuchar todo. Además, estaban el viento y otros ruidos de la naturaleza. En medio del bullicio, tratábamos de respondernos si nosotros, tres jóvenes, íbamos a lograr lo que nos habíamos propuesto. Había muchas inseguridades, pero cada quien estaba poniendo de su parte.

El inesperado frío

Llegó el segundo día y nos levantamos tarde. Como cargábamos con la resaca del mal descanso durante la noche, nos levantamos alrededor de las 10 y media de la mañana.

Cuando miré el mapa y conté los kilómetros que había avanzado el primer día, me impresioné.

—¡Carajo, no es nada! —dije en voz alta.

Pero Cristian y yo hicimos las cuentas, y en principio estábamos bien. Si seguíamos avanzando 200 kilómetros los primeros días, iba a llegar en tiempo récord. Pero pensar en el tamaño del recorrido no dejaba de hacerme sentir pequeño. Finalmente empecé a pedalear a eso de las 10 y media.

Nuevamente me sentí aturdido al momento de subirme a la bici, pero hubo una gran diferencia con respecto al día anterior: me puse mis audífonos.

Para mí, la música es algo importantísimo al momento de pedalear, y más en situaciones como esta. Yo me puedo concentrar demasiado en la música, de manera que me pierdo en ella. A veces, por más fea que esté la situación, lloviendo o granizando, la música me hace pensar que eso no me afecta en nada y que estoy en el mejor clima.

Así es. Soy una persona de música y en mis audífonos invierto mucho dinero. No recuerdo cuántas rolas traía en mi celular, pero era probable que se estuvieran repitiendo. De lo que disponía en mi *playlist*, obviamente prefería para pedalear la música que me inspiraba.

"El viento viene, el viento se va por la frontera...". Me encantaba escuchar esa canción de Manu Chao, porque sentía que me estaba describiendo: "... por la carretera".

"Es mi canción", me decía.

También había una de Calle 13 que me prendía. No sé por qué, pues su letra habla de injusticia. Se llama "Llégale a mi guarida".

Empecé a darle a la bicicleta y me di cuenta de que la zona por la que íbamos ya la había pasado en coche, durante el viaje de ida a Prudhoe Bay. En ese primer recorrido el lugar estaba tapizado de nieve. Ahora quedaba muy poca, lo cual me gustó. Pensé que las cosas estaban mejorando y más adelante lo confirmé, porque no encontré nada de nieve.

Superado el temor del clima, empecé a fijarme en el paisaje y me distraía con él. Eso sí, sin perder el ritmo. Veía las casas de los cazadores, que estaban en los costados de la carretera. Ahora entendía por qué, cuando íbamos a Prudhoe Bay, había muchas casas de campaña desiertas. Eso quería decir que los cazadores dormían de día y, seguramente, de noche cazaban.

Seguí pedaleando y todo se volvió muy mecánico. No pasaba nada nuevo. Volví a la sensación de los *clips* superanclados a los pedales por el frío. También continuaban los ataques de hambre y devoraba constantemente sándwiches de Nutella y de crema de maní.

Pasó el día y me di cuenta de que no me gustaba el frío para nada. Me estaba rozando mucho la entrepierna porque era demasiada ropa la que traía. Por momentos me dolía terriblemente la cabeza, sobre todo al subir las pendientes y llegar a las cimas. Era como cuando comes una paleta de hielo y, al darle algunas probadas, se te congela el cerebro. Lo que buscaba era descender de la cima lo más pronto posible. Al bajar se me quitaba el dolor y me sentía aliviado.

Al llegar la noche, pusimos la casa de campaña a un lado de la carretera, en un lugar muy bonito que colindaba con un pequeño lago. Entre fastidiado y defraudado, les reclamé a Cristian y Anaid.

—Este frío yo no me lo esperaba. Me está atormentando demasiado —les dije.

Mi hermana tomó la palabra. La mejor forma que halló de atajar la situación fue señalando el lago.

—Mira esos patos —me dijo—. En sus patitas no tienen plumas. A ti te da frío y esos patitos andan como si nada.

En el lago también se vislumbraban dos alces. Este cuerpo de agua no debía ser muy profundo, porque esos magníficos ejemplares caminaban a sus anchas y hasta parecía que lo disfrutaban.

—¡Mira! —dijo Anaid—. Ahora come, métete en tu casa y ya no te quejes.

Me dio risa, pero de cierta forma me motivó. Luego pasó lo mismo que el día anterior. Anaid y Cristian me consintieron con comida; me dieron un pijama y también una aspirina. Me dispuse a dormir. Ellos igual, nuevamente en el coche. No recuerdo si ellos durmieron, pero yo sí. Estaba molido.

Al día siguiente desperté temblando. La ropa que traía no era suficiente y eso me hacía estremecer, pero tampoco podía ponerme de más, porque al momento de pedalear me hacía sentir muy tosco —y de todas formas no la necesitaba porque me calentaba precisamente al pedalear—. Supongo que Anaid me vio mal, porque me dijo antes de salir:

—Recuerda a los patitos de ayer. A ellos no les da frío. Tú eres Carlos, a ti tampoco debe darte.

Me coloqué los audífonos y arranqué. Era el día en que iba a llegar a la primera ciudad, Fairbanks. Quizá ahí ya no íbamos a estar entre tanta soledad.

Durante esta parte del camino pasaba algo curioso que yo no podía explicar: mi hermana siempre atraía a la fauna. Era como la Blancanieves de la vida real. A ella le encantan los animales y creo que era un gusto correspondido, porque en todas partes del camino donde parábamos a dormir llegaban animales. Una vez, por ejemplo, un cuervo se paró en el carro y empezó a picotear el cofre —en Alaska hay cuervos muy hostigosos—. A Anaid solo le daban risa esas situaciones.

En ese tercer día del viaje paramos para comer un sándwich y vimos a los lejos a dos osos grizzly. Estaban a unos 300 o 400 metros y parecían estar en lo suyo, sin importarles nuestra presencia. Pero, justo cuando Cristian y Anaid sacaron un jamón, uno de los osos volteó y se levantó en dos patas, como intentando entender lo que olía en el horizonte. Cristian lo notó y se le escapó la calma.

—Mejor llévate tu sándwich y te lo comes mientras vas pedaleando —me dijo.

Fue un momento en que la naturaleza nos impactó. Al menos yo, nunca había tenido a un oso tan cerca y mucho menos había merecido su atención.

Conforme nos íbamos acercando a Fairbanks, encontramos más tránsito, principalmente de carga. En un momento, un trailero detuvo su marcha y me regaló un chaleco fluorescente, de esos que usan los obreros para visibilizarse cuando reparan las carreteras.

—Póntelo y muy buena suerte —me dijo.

Tenía rasgos nativos: pómulos saltados, ojos rasgados y el pelo largo. También era moreno. Regresó a su vehículo y, sin más, se fue.

Sin proponérmelo, terminé haciéndole publicidad a "Specialized Transport st, Alaska", pues me puse el chaleco que llevaba eso escrito y seguí pedaleando. Más tarde me volví a encontrar a Anaid y Cristian estacionados.

—¿Y eso de dónde lo sacaste? —me preguntaron.

—Me lo dio un buen tipo.

Al fin, llegamos a Fairbanks.

Ver una ciudad nos tranquilizó a los tres, porque, de hecho, habíamos sido el único auto familiar en todo el trayecto de Fairbanks a Prudhoe Bay. Nunca vimos otro, tal vez porque la Dalton Highway es principalmente una ruta carguera, aunque sí cruza algunos pueblos. Como sea, eso nos mantenía tensos: nos parecía raro. Solo había tráileres y unas camionetas grandísimas de carga.

La soledad en la carretera nos preocupaba, particularmente por la posibilidad de que nos quedáramos varados o nos pasara cualquier otra cosa que nos hiciera necesitar ayuda. En Fairbanks finalmente nos quitamos esa angustia de encima y empezamos a notar más aspectos curiosos del viaje.

Algo raro al llegar a esa ciudad es que me costaba trabajo recordar el día anterior. Quizá se debía a que la carretera había sido muy ruda y solo había logrado recorrerla a punta de *shocks* de adrenalina, lo cual me hacía olvidar cosas menos importantes.

Por otra parte, creo que olvidar también es una habilidad que he conseguido. A veces, cuando estoy pedaleando fuerte, se me olvida que estoy en eso y simplemente me pierdo en mis pensamientos. Así me pasó los primeros días de forma muy constante.

Ya era costumbre terminar nuestras jornadas de viaje como a la una de la mañana. Esa noche llegamos a un *campground*, uno de esos sitios habilitados para pasar la noche en el bosque, de los que abundan en Estados Unidos. Aproveché que había ducha y me bañé. Fue calientito, rico, pero cuando salí me dolía todo el cuerpo porque se había relajado. Apenas y podía caminar. Cristian me vio y me preguntó:

—¿Vas a poder caminar así?

—Sí, no sé qué me pasó —respondí.

Estaba caminando muy, muy mal.

Al cuarto día salí muy temprano. Cristian y Anaid aprovecharon para hacer compras. Adquirieron bastante pasta y agua. Habían aprendido la lección, porque días antes, cuando llegamos a Prudhoe Bay, descubrimos que no habían comprado agua suficiente. Eso no hubiera sido tan malo si no fuera porque en esa zona no encontramos agua embotellada; entonces, lo que hacíamos era hervir la que hallábamos. Agua de lago hervida, eso es lo que habíamos estado bebiendo. Así, esta vez Anaid y Cristian adquirieron agua suficiente para asegurarnos de no contraer alguna infección ni nada parecido.

También aprovecharon para lavar mi ropa. Hasta ese punto yo había estado usando los mismos calcetines y *jersey*. Repetía también otras prendas, como la chamarra. Por eso, cuando me puse mi ropa limpia me sentí diferente, como si pesara menos. Claro, no es que la mugre pese, pero con ropa limpia te sientes ligero al pedalear. No sé explicarlo. Quizá sea que el aroma ayuda psicológicamente.

Después de algunos días más, ya estaba hecho al camino. Pero no exagero al describir las dificultades de esos primeros días, tanto para mí como para Anaid y Cristian.

Todos los inicios son difíciles. Siempre que viajo, el primer día es demasiado incómodo. Dormir en el suelo y todo eso nunca se hace más fácil.

CAPÍTULO 2
🚲 Viejos viajes, nuevos viajes

A partir de Fairbanks, empezaron a llegarme muchos recuerdos, porque era una ruta que ya había recorrido. Uno de ellos llegó en un golpe de vista al pasar por la Universidad de Fairbanks. De alguna forma me tranquilizó ver algo conocido, pues en mi último viaje de Alaska a México yo había dormido ahí, afuera de la universidad.

Esa vez fue muy cómica, porque yo no encontraba dónde dormir, solo una serie de arbustos. Cuando eres cicloturista, lo mejor siempre es pasar por la ciudad, comprar cosas, seguir pedaleando y dormir en la carretera, porque, si te quedas ahí, forzosamente debes buscar un hotel u hostal, porque no puedes poner una casa de campaña tan libremente.

Así, contrario a nuestro principio del buen cicloviajero, ese día me quedé a la mitad de la ciudad, en los jardines de la Universidad de Fairbanks.

"Esta universidad está de vacaciones —pensé—, mi casa de campaña es verde y no se va a verse".

La instalé, me metí en ella, dormí muy bien. Al día siguiente, temprano, escuché un bullicio de gente a dos metros de distancia. Abrí un poco el cierre de mi casa y logré ver a través de los arbustos que estudiantes y maestros estaban entrando de manera normal, como cualquier día hábil. Nunca supe por qué, ¡si eran vacaciones!

Tuve que armarme de valor para quitarme la pena de salir delante de todos, guardar mi casa de campaña, equiparme e irme. Ahí tienes al hombre de las nieves saliendo de su madriguera como si nada.

Entonces, el primer impacto cuando llegué a Fairbanks en este segundo viaje fue recordar eso. Incluso vi los arbustos donde acampé la última vez. De inmediato pensé: "Ya viene una ruta que te sabes, Carlos. Algo con lo que estás familiarizado. Ya no estás en la maldita Dalton Highway".

Salí de Fairbanks y en toda la ruta recordé partes de mi viaje anterior, desde dónde había dormido hasta dónde había orinado. Me acordaba de todos los puntos. Fue algo que me tranquilizó.

Pronto llegué a Delta Junction. Ese lugar se me hacía especialmente familiar porque ahí conocí, en mi viaje anterior, al primer turista que hacía lo que yo: viajar en bicicleta.

En esa ocasión yo estaba cocinando. Traía un pequeño tanque de gas y una pequeña olla en la que preparaba pasta. También tenía latas con tomate, albóndigas preparadas y avena. No recuerdo qué estaba cocinando en ese momento, pero seguro era una de las muchas latas de comida preparada que había comprado en Alaska. De pronto, atravesó un ciclista que venía bastante cargado. Se notaba en las alforjas de sus ruedas delanteras y traseras. Se detuvo y me hizo plática.

El cicloviajero era de Alemania y lo que me llamó la atención fue su edad. Tenía 81 años.

"Wow, este tipo de viaje es para todos, no solo para los más jóvenes", pensé entonces.

Después descubriría que yo era uno de los de menor edad en ese viaje. La persona más joven que encontré por esos días fue un muchacho que acompañaba a su abuelo. El joven tenía 14 años y su progenitor 80 y algo. Nunca volví a ver a alguien más joven que yo. Ahora estimo que este viaje lo hace gente de un promedio de 28 años.

Seguí adelante y continué acordándome de cosas, como aquella vez que me quedé sin agua a 150 kilómetros de la frontera de Canadá. Esa vez recuerdo haberme levantado en un hostal cercano a la villa de Tok y haber pedaleado imprudentemente, sin recargarme de agua. Yo todavía no tenía experiencia. Sin darme cuenta, terminé con mis bidones vacíos en una de esas muchas zonas de Alaska en donde las carreteras están casi vacías. No hay dónde comprar algo, ni tráfico como para detener a alguien y pedirle ayuda.

Pero nada de esto lo sabía en ese momento. Antes de sentirme desesperado por agua, vi pasar un coche y me dije: "No, al rato encuentro una tienda".

Después me di cuenta de que no había ninguna tienda. Ya me estaba dando sed y ya no estaban pasando coches. Ya eran como las 10 de la noche y pues sí, lo que ahora me parece obvio: en esas carreteras ya no vas a encontrar autos a las 10 de la noche. Seguí pedaleando hasta que me dieron las tres de la mañana. Recuerdo que a eso de las dos ya no podía pedalear. Mis piernas ya no podían: ya no tenía fuerza. Durante una hora solo estuve caminando.

En esa época era de día las 24 horas. Entonces no había problema por pedalear de noche. Dieron las tres de la madrugada y me sentía terriblemente mal. Nunca encontré ayuda y me tocó pasar solo el trago amargo. Las fuerzas no me alcanzaron ni para armar mi casa de campaña. Solo saqué mi *sleeping* y me metí con todo y ropa.

Por si faltaran problemas, aquella era plena temporada de mosquitos. Si palmeabas tu pecho, ya habías matado a algunos sin tener que apuntar. Entonces empecé a tener un sueño muy extraño, algo casi alucinante. Veía a toda mi familia en casa tomando vasos con agua. Después veía a uno de mis amigos en una fiesta, tomando mucho alcohol y emborrachándose.

Esto me frustraba mucho. Hay una foto muy famosa de un niño africano en los huesos por la desnutrición y, detrás, un buitre esperando a que se muera para poder devorarlo. Esa foto la veía como real, como si yo estuviera en esa escena y, viendo cómo el niño sufría.

"Oh, sé lo que está sufriendo ese niño", pensé en algún momento.

Pero el cuerpo es increíble y encuentra sus propias maneras de salir a flote. No sé en qué momento superé el malestar, pero de pronto soñaba que estaba en mi cuarto entretenido con un videojuego —yo soy muy, pero muy *gamer*— que dejé antes de venir a Alaska. Se llama *Warcraft*. Encontré la tranquilidad en eso y olvidé que tenía sed. Todo iba bien hasta que escuché a mi mamá gritar:

—¡Carlos, ayúdame a lavar los trastes!

Eso me frustró tanto que desperté. Abrí los ojos y me volvió la sed. En ese momento me di cuenta de la situación tan ruda en la que estaba. Intenté tranquilizarme y supe que era imposible superar definitivamente la sed sin agua, pero no me quedó otra más que insistir, así que me dije: "Carlos, disfruta este momento. Tú quisiste vivir esto, así que disfrútalo. Nadie se muere en la carretera. Mañana habrá coches y vas a encontrar a alguien que te dará agua".

Finalmente logré dormir.

De cierta forma me había buscado estar en peligro, porque sabía que no estaba preparado como para tirarme a Alaska en bicicleta. Primero, mínimo, hubiera hecho un viaje un poquito más largo en México, aparte del de San Luis Potosí a Acapulco. Después, mejor preparado, me hubiera lanzado a esta locura. Entonces sabía que, tarde o temprano, iba a encontrarme en algo así.

Conseguí descansar y me levanté a las siete de la mañana. O sea, duré acostado cuatro horas nomás. Me levanté y logré ver un coche. ¡Ahora ya estaban pasando autos! El primero se me fue, porque ya iba pedaleando de nuevo, y a otro alcancé a mostrarle mi botella de agua, dando a entender que no tenía. Pero no me peló. De repente, vi un lugar de información para turistas. Entré ahí y estaba vacío, con la puerta cerrada.

Fui al baño a buscar agua en los grifos, pero no había. A un costado estaba un retrete con la tapa levantada y vi el agua dentro. ¡Qué martirio! ¡Se me antojó demasiado darle una probada! Pero no lo hice. Me dije: "Aquí se me va a ir el viaje por una tontería, por una probadita. Ya falta muy poco para la frontera".

Y así fue: llegué a la frontera y enseguida había un restaurante. Entré. Comúnmente no comía en restaurantes, pero ese día lo hice. Pedí un jugo de naranja, fue lo primero. Luego tomé agua sin atragantarme.

Tenían ahí la tele prendida. De pronto me di cuenta de por qué no había muchos coches en la carretera. Era el día de la Independencia de Estados Unidos y todos estaban festejando en sus casas. En la tele salían los artistas celebrando con mucha comida, mucha agua. Las tomas de los videos dentro de sus casas eran... Bueno, yo en ese momento vivía otra cosa.

Comúnmente la gente puede durar mucho sin tomar agua, como tres días o algo así. Yo me estaba muriendo porque pedaleé ese día

160 kilómetros sin una gota de agua, lo cual es muy diferente a padecer la deshidratación inmóvil, sin hacer nada. Cuando he contado esta anécdota, la gente me dice:

—Oye, pero Alaska es un lugar de ríos.

Y sí, efectivamente. Justo puse mi *sleeping* al lado de un estanque. Y claro, pensé en tomar agua de ahí, pero al momento de acercarme apestaba horrible, como si un animal se hubiera muerto. Muy feo. Fue el único lago por el que pasé. Si hubiera querido buscar agua, habría tenido que internarme en el bosque. Eso está muy canijo porque en esa parte de Alaska los pinos están muy estrechos, uno junto a otro. Habría tenido que meterme y los mosquitos me hubieran comido vivo. Era algo terrible.

Por eso, en este segundo viaje, agradecí la experiencia que había acumulado y pasé por esa zona de Alaska sin más pena que la que me causaba recordar el viaje anterior. Continué con el manubrio apuntando hacia Argentina y vi toda la zona donde sufrí y el restaurante donde volví a la vida con jugo de naranja. Luego el camino me recordó otra experiencia del primer viaje.

 ## Calcetines húmedos

Mientras cruzaba la región vi a un buen número de pájaros en un costado del camino, parados en los arbustos. Pero lo que empezó como un avistamiento curioso se convirtió después de unos minutos en un fenómeno peculiar: esas aves me siguieron durante todo ese trayecto. Yo pedaleaba y los pájaros avanzaban, y, cuando veían que me rebasaban porque avanzaban mucho más rápido que yo, se regresaban. A veces volaban a unos 50 metros de mí, se paraban en los árboles y, cuando de nuevo pasaba yo en bicicleta, ellos volvían a volar. Fue así a lo largo de varios kilómetros, en la zona conocida como Tierra de Nadie, un territorio desolado en la frontera entre Alaska y Canadá.

Durante mi viaje por el continente, vi todo tipo de fenómenos naturales, pero nunca observé esto en otro lugar. No tengo una explicación. Quizá a los pájaros les atrae el movimiento o quizá sean carroñeros o depredadores. No sé, no tengo idea. En Prudhoe Bay me había seguido aquella lechuza, entonces tal vez tengo suerte con las aves.

Ese día, antes de llegar a la frontera de Canadá, Anaid, Cristian y yo dormimos en una zona de descanso, de aquellas donde en realidad está prohibido acampar. En teoría, aquí la gente para solo a estirar las piernas y comer algo. También hay pequeños senderos donde uno puede internarse ligeramente en el bosque. Nosotros terminamos el viaje utilizando muy a menudo estos lugares para pasar la noche. No le dimos mucha importancia a la prohibición porque los mismos estadounidenses no lo hacen.

Al momento de instalar nuestra casa de campaña vimos un oso pasando a unos 35 metros. Había también ahí una pareja de nativos que viajaba en su camioneta. Uno de ellos se nos acercó.

—Tengan cuidado —nos advirtió con un acento muy local—. Ahora el frío ha secado todas las plantas y frutos que comen los osos, y no hay nada más que puedan comer. Entonces, están buscando comida de nosotros. Guarden bien su comida. No la dejen en la casa de campaña; mejor métanla a la cajuela del auto.

Como siempre, Cristian y Anaid durmieron en el coche y yo en la casa de campaña. Al siguiente día salimos temprano y no pasó mucho antes de que llegáramos a la frontera.

Todos estos días en Alaska habían sido fríos, muy fríos. Los nativos nos decían que no sabían por qué. Parecía que se había adelantado la nevada.

Para empeorar la situación había días en los cuales me levantaba y usaba la misma ropa mojada del día anterior. Esa fue otra de las cosas que recordé de mi primer viaje, en el que la llovizna me siguió todo el camino y, por lo tanto, siempre me tocó estar mojado: dormir mojado, levantarme mojado y volver a dormirme mojado. Era un infierno, porque a eso se sumaban los mosquitos. A mi familia en México —un país donde hay suficientes mosquitos— le cuesta entender cómo es de mala la situación con los mosquitos en Alaska y Canadá. Me tupían y me picaban demasiado. Y era algo muy, muy molesto.

En este segundo viaje, la ropa mojada fue menos problema gracias a Anaid y Cristian.

48

—Vamos a intentar que te sea un poco más cómodo todo esto —me había dicho Anaid.

Aunque no la lavaran, ellos me apoyaban secando mi ropa en la calefacción del coche. Así, al día siguiente me la podía poner seca. Pero, como dije antes, estos castigos del viaje, como el frío y la humedad, nunca se vuelven menos incómodos.

Los calcetines eran todo un problema aparte, porque los usaba húmedos muy a menudo y, cuando eso pasa, hay más que confort en juego. Los calcetines son importantísimos porque evitan rozaduras y también ayudan a que, aunque estén mojados, puedas calentar y mantener calientes los pies.

La situación me hacía recordar un programa del Discovery Channel que hablaba de la Guerra de Vietnam, en el que se describía cómo esa era una guerra muy húmeda y, por lo mismo, llena de infecciones. Al ver eso, pensaba: "Esos pobres cuates tenían miedo de que los mataran y además soportaban esa *fucking* lluvia, mojados todo el tiempo".

Para mí era superincómodo pedalear mojado. Me daba coraje pensar que, de no ser por esa circunstancia, podría avanzar mucho más. Entonces, trataba de asimilar mi enojo y transformarlo en energía.

"Pues ya está, Carlos. Rompe esa barrera y ya. ¡Dale, dale! ", me decía.

Después del mediodía, me topé con el primer asentamiento del lado de Canadá, Beaver Creek. Anaid y Cristian ya habían llegado ahí desde hacía un rato y estaban en el sitio de información para turistas. Aprovechamos el internet del lugar para llamar a casa y cantarle las mañanitas a mi papá, quien cumplía años. Afuera se notaba un ambiente mucho más frío y nublado. Ya era costumbre, siempre que paraba, buscar refugio en algún lugar, porque mi cuerpo empezaba a enfriarse y a temblar muy, muy fuertemente.

Recuerdo que Anaid salió del sitio de turistas y se dirigió a mí:

—Carlos, me dicen que hoy en la mañana nevó.

Me lo dijo con una sonrisa nerviosa, un poco burlona, porque yo había estado quejándome de demasiado del frío. A cada rato les decía algo como:

—Yo nunca me esperaba esto. A nosotros nos dijeron otra cosa. Nos la pintaron de diferente forma. ¡Hace mucho frío!

En Alaska nunca nos tocó ver nevar de verdad. Había lapsos como de 10 minutos durante los cuales caían algunos copos, pero no tan canijo. A mí esto me estaba matando.

Llegamos finalmente a un campo para casas rodantes. Era un espacio con duchas, lavadoras, tienda y, en general, más servicios que los sitios donde habíamos pernoctado antes. Ahí era donde pasaríamos la noche, y de inmediato Anaid me dijo:

—Vete a bañar. Aquí hay duchas y puedes bañarte con agua caliente.

Me metí a bañar y salí con el efecto que inevitablemente me provocaba el agua tibia: estaba todo madreado. Después, acompañé un rato a Anaid y Cristian en la sala de lavadoras. Hay una foto mía de ese momento en la que mi cara se ve muy chistosa, en verdad luzco cansado.

Nos fuimos a dormir y, ahora sí, Cristian y Anaid durmieron conmigo en la casa de campaña. Cristian dijo que ya no quería dormirse en el coche, pues la mala postura ahí dentro ya había hecho que se le hincharan los pies. Anaid lo acompañó. Para esto, habíamos comprado en Fairbanks un *sleeping bag* extra para Anaid, porque no traía.

Llegó el siguiente día y sonó nuestra alarma. Cristian se levantó, abrió el cierre, lo volvió a cerrar y le dijo a Anaid:

—Oye, no te vayas a asustar.

—¿Por qué? —preguntó Anaid.

—Porque ahora sí está nevando.

Mi superpoder

Días antes, cuando íbamos en carro a Prudhoe Bay, habíamos visto caer lo que pensamos que era nieve, pero Cristian nos explicaba que eso no era nieve sino otra cosa. A Anaid y a mí eso nos había preocupado. En esta ocasión, cuando Cristian dijo: "Está nevando", me entró algo de pánico.

"¿Ahora cómo carajos voy a ver en la carretera?", pensé.

Me daba la impresión de que, aun en coche, la nieve nos podía sepultar sin que nadie se enterara después y por lo tanto ir en bicicleta era mucho peor.

—Tengo que pedalear así. ¡Qué loco! —me repetía.

Abrí el cierre de la casa de campaña y, en efecto, la nieve estaba por todos lados. Sobre la mesa, el área de campismo, nuestras cosas y el coche. Había una capa de unos ocho centímetros de nieve cubriéndolo todo. Ahora sí estaba nevando.

Ese día no me levanté a comer. Lo que hice fue ir al coche y dibujé una carita feliz sobre la nieve que cubría el vidrio trasero. Luego fui al baño a vestirme. Cristian llegó cuando yo todavía no salía de ahí. No le había pedido nada, pero él venía con un frasco de Nutella y pan Bimbo. Al momento de abrir el frasco, nos dimos cuenta de que era imposible comer la crema de avellanas. Estaba dura, ¡congelada!

Al momento de prender su iPad, mi hermana se encontró con un símbolo de nieve en la pantalla, que significaba que hacía mucho frío y la tableta no podía funcionar a esa temperatura tan baja.

Mejor entrenado en el frío, Cristian tapó uno de los lavabos y abrió el agua caliente. Ahí puso la Nutella. Y efectivamente logramos que se derritiera un poco. Yo me la estaba comiendo directo con pan y a cucharadas. Entraba la gente en el baño a hacer sus necesidades y yo seguía comiendo. Era chistoso.

No comí otra cosa porque no había forma de preparar comida. Hacía demasiado frío. Me asomé hacia fuera del baño y entendí que las condiciones eran terribles. Era algo que no cuadraba.

Entonces eché mano de una especie de superpoder que desarrollé en el taekwondo, cuando me tocaba pelear contra alguien muy difícil que ya había ido a competencias nacionales. El truco entonces era concentrarme hasta sentirme mejor que esa persona. Eso me hacía sentir muy fuerte, y algo parecido logré contra el frío.

"Eso no me tumba —me decía—. Yo soy un maldito loco. Yo puedo contra eso. No me va a hacer ningún rasguño".

Yo soy mucho de caminar como los leones cuando estoy concentrándome. Doy unos cinco pasos, volteo y vuelvo a dar otros cinco pa-

51

sos. Así estaba en el baño cuando convocaba a mi superpoder. Luego, ya superenergizado, me puse mis audífonos y salí.

Me metí en la carretera, engrapé mis pies a los pedales y en ese momento sonó en mi reproductor Cartel de Santa, con una canción que se llama "Bombos y tarolas". Y empecé a pedalear.

La rola me prendía. Tú pon Cartel de Santa un día en la mañana pa' que veas cómo se siente. Ok, la rola está medio mamona y su letra es bastante estúpida. Básicamente es de un güey que dice que eres lo máximo.

Quizá también me levantó la música porque yo soy muy sensible al azúcar. Me meto una cucharada y a los tres minutos la siento. Tal vez me había metido un chorro de Nutella y cualquier tontería que escuchara me iba a levantar. Como sea, recuerdo que esa canción me prendió.

"¡Vamos, vamos! ¡Pégale a la nieve!", me decía como loco, en medio de la carretera nevada.

Veía cómo la nieve se acumulaba en mis guantes y me valía.

"¡Eres como un maldito oso, un maldito animal!".

Me acordaba de Anaid cuando me señalaba a los patitos y me pedía que siguiera su ejemplo.

"Maldita sea, ¡también soy un pato!".

Fue el conocer a algunos viajeros intrépidos lo que me dio la idea de este viaje, pero en realidad mis ganas de hacerlo se fueron acumulando desde mucho tiempo atrás.

Recuerdo que, desde chiquito, ya había escuchado sobre las hazañas atléticas en el Canal de la Mancha. Una vez, creo que en tercero de primaria, la maestra de Inglés nos hablaba del tema, de cómo había gente intrépida que cruzaba el canal nadando.

—Yo voy a hacerlo, maestra. Yo voy a hacerlo —dije muy decidido en aquella ocasión y ni siquiera sabía nadar.

Creo que también encontraba inspiración en lugares poco comunes. No sé si tengo una sensibilidad muy fuerte o simplemente es verdad que estoy loco, pero algo que encontré totalmente motivador fue un documental sobre los perros que jalan trineos en una carrera que dura tres días. Empiezan en Alaska y terminan en Canadá. No recuerdo cuántos kilómetros son, pero durante los tres días los perros corren todo el tiempo y solo descansan dos horas.

"¡Malditos perros! —pensaba—. ¡¿Cómo pueden avanzar tanto?!".

Me impresionaba cómo, después de 24 horas de correr, solo descansaban un poco y luego el esquimal volvía a animarlos. Los perros apenas podían levantarse, así que el hombre debía agitarlos del hocico para que despertaran. Yo de pronto quise poder correr como esos perros.

En el primer día de la carrera, los perros van gruñendo y aullando, porque saben lo que está sucediendo y les espera. Eso me encantaba. Me inspiraron tanto esos animales que de pronto me sentía uno de ellos. Durante el viaje, la historia de estos perros se convirtió en una estrategia para lidiar con el cansancio, sobre todo cuando estaba solo en la carretera, volviéndome loco con mis pensamientos. Cuando pedaleaba, simplemente imaginaba que era un lobo. Lo imaginaba tan fuerte que podía sentirlo; no sé cómo explicarlo, pero tenía fuerza sobrehumana. Un día escuché a un psicólogo deportivo decir que en competencias es bueno imaginarse como una bestia. Me dio gusto saber que entonces yo no estaba tan loco.

De pronto mis motivaciones y mis fuentes de inspiración se volvían más abstractas. Cuando cruzaba Perú, tuve unos cuatro días de viento adverso y me preocupaba. Entonces, empezaba a desconectar la razón y activaba la fantasía. Imaginaba que yo era un vidrio y podía romper el viento; me concentraba, delgadito, cortando el aire. De pronto, veía en mi metrónomo que en verdad había aumentado un poco mi velocidad.

Así mantenía cargada mi pila de la motivación, mientras la nieve se iba acumulando sobre mis guantes. La ventisca era tan tupida que daba un efecto como el de la niebla, cuando no puedes ver muy lejos.

En ese momento pasó un coche al lado mío y redujo la velocidad. La gente dentro se quedó mirándome. Me imaginé que les parecía muy raro ver a un ciclista en esas condiciones. Al menos yo nunca llegué a ver uno así. Creo que cualquier otro cicloturista se hubiera quedado ese día en su casa de campaña o el lugar donde estuviera pernoctando.

Seguí pedaleando y pasó un motociclista que también se interesó en mí. Frenó y me hizo gestos con las manos. Luego me hizo plática.

—¿De dónde eres? —me preguntó.

—De México —le respondí.

53

—¿Qué haces por acá?

Le conté mi historia y que estaba rompiendo el Récord Guinness. Él platicaba muy calmado, mientras yo iba pedaleando muy asustado. Sentía que el universo estaba conspirando para joderme.

—Wow, tú vienes en bicicleta. Yo soy canadiense —me decía.

No recuerdo de qué ciudad era él, pero iba hacia Vancouver. Todavía le quedaba mucho por recorrer, aunque tal vez en motocicleta no se sentía tan pesado el trayecto. Él me lo platicaba muy normal, pero supongo que la diferencia era que él llevaba una chamarrota, un superpantalón y unos superguantes.

De cierta forma me tranquilizó que él hablara así, sobre todo porque yo sentía que cruzaba un infierno —en realidad sí lo estaba haciendo, porque no tenía la ropa necesaria—. De repente, se nos emparejó otro motociclista y se quitó el casco. Nunca le pregunté su edad, pero aparentaba unos 75 años. Lo saludamos y él se presentó. No recuerdo hacia dónde iba. El otro motociclista pronto le dijo:

—Mira, este tipo viene en bicicleta y va hasta Argentina.

El señor se sorprendió. Ambos me preguntaron dónde había empezado, si venía solo y cómo le estaba haciendo. Todo eso me tranquilizaba, aunque era la plática más loca que había tenido en mi vida. El ambiente era todo nieve y estábamos en medio de la carretera. Solo podíamos hacer eso porque no pasaban coches, más que uno cada 25 o 30 minutos. Con un baño de nieve encima, ellos iban platicando muy normal, cuando para mí era difícil imaginar un entorno más duro.

Finalmente nos despedimos, ellos aceleraron y me dejaron atrás rápidamente. Continué pedaleando, mientras Anaid y Cristian seguían en Beaver Creek. La nieve era igual de copiosa cuando vi un alce joven. Me llamó la atención que pasara la carretera con la nieve encima como si nada, con toda calma, como si estuviera tomando el sol.

"Mira esos patitos y mira los alces. Si ellos pueden, tú también".

Las palabras de Anaid volvían a sonar en mi cabeza, motivándome a dar más de mí.

"Ah, es un animal y yo también soy un animal. Yo también puedo. La naturaleza es parte mía. Ni siquiera debo sentirla".

Seguí pedaleando y en cierta forma me tranquilizó ver ese espectáculo de la naturaleza. Transcurrieron unos 40 minutos de haber visto el alce y pasó también un oso joven, de un par de meses de edad, caminando al lado de la carretera. El oso hasta olfateaba el pasto de lo más normal.

"Yo también soy así", me dije.

Y así me la llevé. El impacto psicológico y el físico son demasiado. Pero hay un momento en el cual tu cerebro logra superar todo esto, porque lo engañas diciéndole que eres más fuerte. Y logras convencerlo.

De cicloviajero a cicloviajero

Comprendí que Canadá estaría más feo que Alaska. Habría mucha nieve. Ya me estaba rozando mucho de la entrepierna. Lo bueno es que Cristian, echando mano a su experiencia de ciclista viajero, había cargado una pomada rumana para este tipo de rozaduras.

Seguí pedaleando por el territorio de Yukón y días después encontré al primer viajero. Me refiero al primer viajero que dependía de su cuerpo para avanzar. Era un cicloturista. Me lo topé, me alineé a su costado y empezamos a hablar. Él me contó que nunca en su vida había viajado en bicicleta, simplemente se le ocurrió y lo hizo sin pensarlo. Por lo tanto, no tenía nada de experiencia.

Me explicó que tenía un patrocinio de comida. No recuerdo cómo se llamaba la marca, pero eran bolsas a las que solo agregaba agua caliente y se esperaba un rato. A él, según me dijo, ya le daba asco alimentarse con ese tipo de comida y quería comer algo real. Pero ese tipo de alimento en bolsa está pensado justo para cuando uno viaja y necesita comida portable que no se pudra.

Y ahí tenía a ese tipo a mi lado, alguien que nunca había viajado de esta forma y a quien se le ocurrió hacerlo de la nada, empezando también desde Alaska.

—Te veo y me siento como cuando viajé por primera vez —le dije en un punto de la conversación—, cuando no sabía en lo que me estaba metiendo.

Pronto lo dejé y seguí pedaleando.

Ese día fue la primera vez durante ese viaje en que me dio sed y no encontré a Anaid y Cristian para que me dieran agua. Resulta que, después de que pasé a ese viajero, quien se llamaba Davide Travelli y era italiano, mi hermana y Cristian lo encontraron y se quedaron platicando con él. A los tontos se les olvidó que debían cuidarme y me dejaron mucho tiempo sin agua.

Cuando los encontré, yo me moría de sed. Me dieron agua rápido y me contaron que se les fue la onda porque se quedaron hablando con Davide, quien a su vez les contó una curiosa historia:

Cuando Davide pedaleaba en la carretera entre Fairbanks y Prudhoe Bay, se le atravesó un oso y no supo qué hacer. Él cargaba un *spray* para ahuyentar osos. Él ya había leído las instrucciones y sabía perfectamente que el producto funcionaba como una especie de gas pimienta. Cuando el oso iba caminando hacia Davide, él se paniqueó y no supo cómo abrir el aerosol. Entonces apareció un carguero de la nada y condujo su tráiler entre el oso y Davide, intentando protegerlo. Pero, cuando el trailero se atravesó, Davide estaba por dispararle el *spray* al oso y con todo el aire que el tráiler empujó, el gas se le vino a Davide a la cara y quedó sin poder seguir pedaleando.

Anaid y Cristian me contaban esta historia, mientras yo me reponía después de casi morir de sed. Ese día llegamos a un RV *Park*[2] en un lugar llamado Destruction Bay. Pero, contrario a la hostilidad que ese nombre implicaba, la persona encargada de la recepción nos trató muy bien.

—Tienen suerte de venir hoy —nos dijo—. Vamos a tener un festival y es el último día que estará abierto este lugar en esta temporada.

Resulta que el espacio de campismo estaría cerrado durante la temporada de nevadas.

—Va a venir una banda muy buena. ¡Es la mejor de Yukón! —dijo nuestro anfitrión un tanto emocionado.

A Cristian y a mí nos causó risa, porque decir muy entusiasmado que va a venir la mejor banda de Yukón no tiene mucho sentido. No podía haber muchas bandas en un lugar donde, de por sí, no había mucha vida. Era graciosa la forma en que sonaba eso.

---

[2] Estacionamiento para casas rodantes.

56

Ese día me relajé. Pusimos la casa de campaña y entramos en una especie de comedor, donde la banda ya tocaba rolas como *Have You Ever Seen The Rain*, de Creedence Clearwater Revival o *Comfortably Numb*, de Pink Floyd.

Cuando escuchábamos a la banda, Cristian sacó su *laptop*, aprovechando que en el lugar tenían internet. Para ese entonces, Cristian ya había agregado a Davide a Facebook. De pronto, vio que Davide había puesto en su muro, no sé con qué palabras, algo como: "Que alguien me saque de aquí. Me estoy muriendo de frío". Cristian se preocupó y dijo:

—¿Y si voy por él? No creo que esté muy lejos porque lo pasamos hace rato.

—¿Y cómo vas a dar con él, Cristian? —le preguntamos algo escépticos.

Cristian recordó que Davide traía un rastreador GPS, como el que yo traía. Investigamos, checamos el sitio web oficial de Davide, y efectivamente, siempre dejaba prendido su rastreador y solo en la noche lo apagaba. Así que buscamos dónde fue el último punto donde el aparato estuvo encendido y supusimos que ahí había colocado su casa de campaña.

—Voy por él —concluyó Cristian—. Haré algo de espacio en el coche y meteré algunas cosas en la casa de campaña, para que quepan las de Davide.

Entonces Cristian salió y yo me quedé con Anaid escuchando a la banda. De regreso, nos dimos cuenta de que Cristian llegó solo.

—¿Qué pasó? ¿No lo encontraste? —le preguntamos.

—Sí —explicó Cristian—. Cuando vi su casa, empecé a gritar al aire: "Davide, Davide".

Una voz anónima respondió a los gritos de Cristian.

—Sí, ¿quién es?

—Soy Cristian, el tipo con quien te cruzaste hace rato. ¿Estás bien? ¿Qué te pasó?

Davide, hablando desde dentro de su casa de campaña, no entendía lo que Cristian le preguntaba.

—Pues lo que publicaste en Facebook. Querías que te sacaran de aquí, ¿no?

—No, no —respondió Davide apenado—. Era broma todo eso. Perdón.

Cristian le ofreció un aventón. Le informó que la nieve se acercaba y que nos habían explicado en el RV *Park* que ya no encontraríamos ningún otro lugar, pues los *campgrounds* empezarían a cerrar. En esa temporada, con cada día que pasaba se perdían ocho minutos de luz, según le había explicado el dueño de uno de esos sitios de acampada a Cristian.

—No, pero yo lo quiero pedalear todo —dijo Davide declinando la oferta—. Yo me propuse pedalearlo todo, recorrer todo el continente americano en bicicleta.

Cristian dejó de insistir pero, antes de retirarse, Davide le pidió:

—¿Puedes quitar esa comida afuera de mi casa de campaña? No quiero que venga un oso a media noche. Por favor quítala.

En suma, Cristian había ido por Davide y regresado sin él. Había perdido unos 30 minutos de ida y otros tantos de vuelta.

De vuelta en el RV *Park*, la música era muy relajante, así que le pregunté a Anaid:

—¿Puedo pedir una cerveza? Es que yo, cuando tomo cervezas, me da sueño, y hoy quisiera dormir bien, porque no lo he logrado.

A Anaid le pareció rara esta petición. Yo antes ya tomaba, pero Anaid no vivía conmigo cuando yo lo hacía. A veces a la gente se le hace raro cuando ya tiene veintitantos y nunca ha probado el alcohol. Bueno, yo a mis 23 probé mi primera gota, así que para Anaid esto era extraño.

Ese día tomé una cerveza. Y efectivamente caí rendido, de inmediato, cuando me fui a la casa de campaña.

Al día siguiente me sentía repuesto y con mucha fuerza. Empecé a pedalear. El próximo lugar con vida sería Haines Junction y no tardé mucho en llegar ahí. Pero, al pasar esa población, una patrulla de policía se colocó a mi lado. Pensé que me amonestaría y me angustié. De pronto bajó la ventanilla trasera y era Davide quien viajaba ahí dentro.

Volteé a ver a Cristian y Anaid, quienes en ese momento venían detrás de mí, siguiéndome. Miré sus caras y noté que estaban atacados de la risa. Más tarde, a la hora de dormir, Cristian y Anaid hablaron por internet con Davide. Él les platicó que, la mañana siguiente de que Cristian le ofreció ayuda, se dio cuenta cuando se levantó de que sus dedos se estaban poniendo morados, tenía mucho frío y no podía controlarlo. Y eso que tenía ropa muy especializada. Recuerdo que traía una chamarra que costaba unos 25 000 pesos o algo así. Venía muy equipado, pero el frío de la noche igual lo estaba matando, porque se quedó en medio de la nada.

En su llamada, Davide le confesó a Cristian que se sentía muy apenado porque había pretendido hacer todo pedaleando. Rechazó la ayuda de Cristian y a la mera hora debió pedir apoyo a alguien más. Fue la policía la que finalmente lo rescató y le dio aventón hasta Whitehorse, la capital de Yukón. Creo que en su GPS Davide tenía un botón para llamar a emergencias y así fue como se salvó de morir congelado en la nada de Canadá.

Figuras del camino

Al cruzar Haines Junction, Cristian entró en un restaurante y preguntó si sabían de un *campground* donde pudiéramos dormir. En realidad, nosotros podíamos dormir en cualquier lugar a un costado de la carretera, pero cuando lo hacíamos en un *campground* teníamos dos beneficios: ducha caliente y la posibilidad de lavar mi ropa.

—No, ya no van a encontrar *campgrounds* —le respondió la persona del restaurante—. Pero yo estoy construyendo unas cabañas aquí detrás. Son calientes. Si quieren, vengan a dormir ahí.

Yo iba pedaleando y encontré a Cristian haciendo señales. Me contó que le habían ofrecido unas cabañas en construcción y que había aceptado. Y efectivamente, eran unas construcciones inacabadas de un tipo de madera ligera, pero al menos ya tenían ventanas. Cuando abrías la puerta, se sentía la diferencia de temperatura. Dentro estaba deliciosamente más templado.

Cristian preparó hot cakes para la cena. Yo comí un montón de ellos sin regatear para nada la Nutella. Después dormimos todos dentro de la casa de campaña, que habíamos armado dentro de la cabaña para tener aún más calor.

No sé si en el norte del continente la gente es muy buena o si simplemente saben lo que es vivir en sus territorios y lo difícil de viajar por ahí. Como sea, brindan mucha ayuda.

Me levanté al siguiente día y pensaba llegar a Whitehorse, una de las ciudades grandecitas del estado de Yukón. Ese día pedaleé poco. Debieron de haber sido 160 kilómetros. Le di lo más rápido posible para llegar temprano, alcanzar abierta una tienda de ciclismo y poder darle mantenimiento a mi bici. Le cambiaron los frenos y se los ajustaron; le cambiaron la cinta de agarre, que ya estaba muy desgastada, y le hicieron otras cosas mínimas. Sin embargo, nos cobraron muy caro. No recuerdo cuánto, pero fue el lugar donde más nos costó el mantenimiento.

Tan pronto salí de la tienda, entré en un McDonald's mientras Anaid y Cristian hacían las compras y lavaban mi ropa. Ellos debían alcanzarme más tarde.

Pedí una hamburguesa para comer algo diferente. ¡Qué rica era la comida chatarra! Aunque lo que había estado comiendo hasta entonces tampoco era exactamente la dieta de los campeones. Además pedí un McFlurry.

Me senté, y estaba whatsappeando, cuando llegó un señor barbón, gordo y muy ruidoso, de esos típicos que salen en el Discovery Channel manejando camiones. Recuerdo que empezó a hablar con el señor de la mesa de al lado. No recuerdo qué decía, pero hizo reír a la gente alrededor. Pasaron 10 minutos, llegaron Cristian y Anaid y se sentaron conmigo.

—Ah, ¿ustedes están viajando? —nos preguntó el transportista barbón.

—Sí —respondió Cristian—. Estamos viajando. Somos de México.

—Ah, qué bien. ¿Vienen en bicicleta?

El hombre había visto que yo traía casco. Cristian le explicó que yo era el cicloviajero y ellos solo me acompañaban como vehículo de apoyo.

—Eso está bien —agregó el hombre—. Ayer tuve que detenerme porque encontré en la carretera a un señor que venía caminando desde Alaska, empujando una carriola. Pensé que ahí traía un bebé, pero no. Y lo más gracioso es que, cuando me acerqué, vi que era un señor más viejo que yo. Tenía como ochenta y tantos años, y eso me impresionó. ¡Hay gente muy loca aquí!

A Cristian, Anaid y a mí nos dio risa la forma en la que se expresaba el señor. Era todo un personaje.

Salimos del restaurante y seguimos el protocolo para pernoctar: buscamos un *campground* y afortunadamente encontramos uno. Nos dormimos y nos levantamos horas después, de vuelta a la ya rutinaria vida que estábamos siguiendo.

Era en verdad muy difícil lo que ocurría cuando me levantaba. Temblaba como una gelatina y debía luchar para superarlo. Sabía que durante al menos 10 minutos sufriría el frío que me mataba todos los días.

En la tienda de bicicletas de Whitehorse vendían también *jerseys* para el frío y algo especial para los pies, un tipo de cobertor que va sobre los zapatos para no sentir frío. Le dije a Cristian que debíamos comprarlos y él se negó.

—No, no tenemos mucho dinero —alegó—. Además, el frío ya lo vamos a dejar.

No los compramos, pues, y así me fui, lidiando contra el viento que helaba mis pies. Recuerdo que, cuando había viento en contra, en un momento dado no sentía los dedos. Sentía como si no tuviera músculos y solo fueran mis huesos contra los pedales.

No recuerdo si al día siguiente o dos días después de salir de Whitehorse sucedió algo extraordinario: encontré a Cristian y Anaid en una parte donde comeríamos y ella me recibió con una sopa. No era un plato de comida rápida ni una de esas pastas con jitomate de fábrica. Era una verdadera sopa casera.

—La vendían en un *campground* y te la compramos —me dijo Anaid.

Me supo muy bien esa sopa. Nunca olvidaré que se me quitó el frío cuando la estaba comiendo. Me la terminé y otra vez vino el frío, así que a pedalear.

Al tercer o cuarto día de salir de Whitehorse, yo iba sobre la carretera cuando vi a lo lejos a Cristian y Anaid, hablando con una persona a un costado del camino. Cuando llegué junto a ellos, mis acompañantes me sonreían. Era una sonrisa chistosa, como diciendo: "Mira el espécimen que nos encontramos".

Miré la cara de esa persona y era un viejo de unos ochenta y tantos años. Lo saludé y me di cuenta de la situación. Él venía muy tapado,

61

con tenis y empujando una carriola. ¡Era el hombre de quien nos había hablado el trailero del McDonald's! El viajero que nos había descrito tenía todas las características del que nosotros ahora teníamos enfrente. Se llamaba Jim Brennan.

Intercambiamos algunas palabras con él y nos tomamos una foto. Esta le dio mucha risa a Anaid, porque él puso su mano sobre mi hombro, y eso era para ella algo muy simbólico. Desafortunadamente la foto la tomamos con un celular medio feo; entonces, no tiene buena calidad.

Hablando con él, Cristian le preguntó:

—¿Y tú cómo le haces? Nosotros vamos acompañándolo a él y se nos está haciendo bien difícil.

—Lo sé —respondió Jim—. Yo me levanto mojado, camino mojado y me acuesto mojado. ¡Siempre estoy mojado!

Es muy común entre aventureros, cicloturistas o caminantes, siempre regalar una fruta. Yo nunca lo he hecho porque, siempre que encuentro a alguien, soy yo quien se está muriendo de hambre o sed; por eso, siempre es a mí a quien le regalan algo. En esta ocasión, Cristian sacó unos cuatro plátanos, se los regaló a Jim y le dijo:

—¿Cómo le vas a hacer? Hacia allá ya no hay mucho que comer y además la nevada te va a alcanzar.

—No te preocupes por mí —respondió el hombre, despreocupado—. El secreto es que no vengo tan solo. Te voy a decir lo que hago.

Jim nos explicó que llevaba una van. La llenaba de comida, la escondía en algún lugar de la carretera y pedía un aventón para regresar a un punto previo. De ahí caminaba de nuevo hasta la van acompañado solo de su carriola, en la cual llevaba sus suministros de agua y comida. Eran cuatro días los que él podía andar con su carriola. Lo tenía bien calculado.

Luego llegaba a la van, manejaba otros 100 kilómetros, la escondía y abastecía su carriola y de nuevo pedía aventón para regresar hasta el punto donde se había quedado. Y así quería llegar a Argentina. Vaya si este mundo es interesante. ¡Ver para creer! No supe qué pasó con él, pero me consta que al menos llegó hasta Estados Unidos.

Para nosotros fue muy loco haberlo conocido. Era, de alguna manera, un señor muy joven. Recuerdo que se me hizo chistoso cuando sacó su iPad. Sé muy bien que mi mamá no podría usar una, pero este señor con muchos años más sacó la suya, abrió la aplicación de fotos y nos retrató.

Al último, Cristian me dijo:

—Ya, dale un abrazo y despídete.

Después de impresionarnos con su hazaña, apoyarlo con fruta y dos galones de agua de nuestra recién comprada despensa e intercambiar fotos, nos despedimos del viajero. Para mí era como despedirme de mi abuelo. Y en cuanto a él, creo que le caímos bien, porque antes de separarnos intentó describirnos por dónde había escondido su camioneta. Nosotros habíamos mandado imprimir unas etiquetas autoadheribles que decían "Carlos Santamaria". Le dimos una y la pegó en su carriola. Luego nos dijo:

—¿Podrían pegar una en mi coche si lo encuentran?

Más adelante, por más que buscamos su van, nunca la encontramos.

Pasaron un par de días y entrábamos en British Columbia. Recuerdo que, una vez ahí, nos sucedió algo más sorprendente que cualquier encuentro con viajeros locos. Llegó la noche y Cristian y Anaid todavía no dejaban Yukón. Habían perdido algo de tiempo lavando mi ropa y comprando agua y comida.

Olfato excepcional

Decidí frenarme, porque quién sabe si me verían después. Yo estaba volteando hacia la carretera, para ver en qué momento venían. Habíamos quedado en que a las 10 de la noche yo pararía y ellos, en cambio, le darían a la carretera más o menos a las siete y media para alcanzarme a tiempo, a fin de dormir. Yo encontré un lugar plano a un costado de la carretera, donde podía ponerse la casa de campaña y meter el coche para que quedara un poco oculto del camino.

Decidimos comer ahí. Comimos espagueti con salchicha, lo recuerdo bien. Yo entré en la casa de campaña. Cristian y Anaid se quedaron en el coche. Entonces, de repente, empecé a escuchar un ruido afuera de mi casa de campaña, lo cual me confundía porque Cristian ya se había metido en el coche junto con Anaid. Escuchaba pasos alrededor de mi casa de campaña y pensaba: "¡Qué caray! ¿Llegó un cazador, un guardabosque, un turista o un oso?".

Grité a Cristian, pero no me contestaba, así que decidí gritar más fuerte. Finalmente Cristian bajó la ventana del auto y le pregunté:

—¿Qué pasa? ¿Qué hay ahí afuera? Escucho pasos.

—No se ve nada —respondió él.

—Pero se siguen escuchando los pasos.

Supongo que nuestras voces alteraron la situación, porque se aceleraron los pasos, y en ese momento supe que lo que había ahí afuera no era un humano. Tal vez era un alce. Después escuché un ruido como el de los perros cuando toman agua.

—Veo una mancha oscura fuera de tu casa —dijo Cristian.

—¿Cómo a qué distancia? —pregunté.

—Muy cerca, como a medio metro.

—Pues prende la luz del coche,

Finalmente la encendió, se tomó un segundo y me habló con más seriedad de lo habitual.

—Carlos, hay un oso afuera de tu casa de campaña.

En ese momento yo me imaginé lo peor. Recuerdo que me puse en cuclillas, imaginando que el oso rompería la casa de campaña. Intentaba visualizar cómo me defendería o cómo le soltaría un puñetazo al oso mientras él seguía tomando agua. Cristian lo estaba viendo, pero al animal no le daba miedo. Yo no sabía qué hacer, pero luego le dije a Cristian:

—Cristian, ¡pita!

Cristian sabe hablar bien español, pero hay algunas palabras que aún se le van. Lo que hizo entonces fue silbar.

—No, ¿por qué haces eso? ¡Pita! —le reclamé.

—¿Cómo que pita? —preguntó.

—Con el claxon del coche.

Al fin tocó el claxon y escuché por sus pasos cómo el oso se retiraba lentamente.

Habíamos salido ilesos de un encuentro cercano, pero en realidad nosotros lo habíamos provocado. Habíamos roto la regla de oro que nos dio un nativo americano días antes: comimos y acampamos en el mismo lugar. Y es que no es fácil entender el olfato excepcional que tienen los osos y los riesgos que eso implica, aunque te lo adviertan. No es sino hasta que te pasa, cuando tienes al oso enfrente, que entiendes que a la naturaleza se le debe tener respeto.

Empacamos de inmediato. Yo me subí a mi bicicleta y pedaleé unos cinco kilómetros más. Luego reinstalamos la casa de campaña y al fin dormimos. Afortunadamente el cansancio te hace olvidar muchas cosas. A la mañana siguiente era un nuevo día y lo del oso había quedado atrás.

La maldición de las estrellas fugaces

Al día siguiente llegamos a un lugar que se llama Liard River, donde hay aguas termales y toda la zona está llena de bisontes. Literalmente llena. Son tantos que bloquean la carretera y debes esperar a que crucen. Son animales enormes e impactantes. Puedes verlos en el Discovery Channel sin que te llamen la atención, pero en vivo seguro lo harán.

Nos quedamos en un *campground*. Ahí empezó a hacer un poquito de calor y se me ocurrió por primera vez quitarme los pantalones y quedarme en shorts. Al momento, vi que tenía las piernas superdelgaditas. Nunca en mi vida las había tenido así. Estaba asombrado.

—¿Ya vieron lo que les pasó a mis piernas? —pregunté a Anaid y Cristian.

—¿Qué te pasó? —preguntó ella asustada—. ¿Estás bien? ¿Te sientes enfermo? ¿Puedes caminar?

Mi hermana de repente es algo dramática. En cambio, Cristian se burló. Soltó una carcajada y nos explicó lo que me había pasado.

—Es que ya se le están haciendo piernas de fondista —dijo.

Yo llegué al viaje con piernas de gimnasio —esto es, bastante musculosas—, pensando en que poco a poco adelgazarían hasta ser las típicas piernas de los ciclistas que compiten largas distancias. Pero nunca imaginé que para Canadá ya estarían así de reducidas. Era un cambio muy notorio y creo que se debió al frío, que me hizo quemar más calorías.

65

Esa noche me bañé y, al momento de salir, en el cielo brillaba la aurora boreal. Era impresionante. Mientras veía ese espectáculo celeste, me llegó un mensaje que no esperaba.

Pero para exponer lo siguiente debo hacer un paréntesis. Todos tenemos un *crush*, un amor platónico, de esos que persigues toda la vida y nunca alcanzas. Pues me escribía justamente la chica tras la cual estuve varios años, cuatro para ser exacto. Me escribió mi *supercrush*. No Maydé, sino una niña a quien yo no le gustaba. Simplemente era alguien que me gustaba mucho, mucho. Me escribió solo para decirme: "Ojalá no te hayas olvidado de mí".

Recuerdo una frase que leí en internet. Decía: "Lo que no te mata, te manda un mensaje después, justamente cuando la estabas superando". Y efectivamente, cuando conocí a Maydé y estaba superando a esta otra chica, me escribió. Se llama Karla, es de San Luis Potosí.

Yo ya la había olvidado: estaba con Maydé y luego se vino todo esto de mi récord. ¿Karla? ¡Quién sabe lo que era de su vida! Pero me mandó un mensaje justo en ese momento. ¡Qué le pasaba!

Me afectó demasiado, pero me contuve.

—No, no te he olvidado— fue lo único que le respondí.

Además, hubo una coincidencia que me mató. No sé qué ocurre, pero, cada vez que veo el cielo en un plan contemplativo, ella me manda un mensaje. La primera vez que me sucedió fue en mi primer viaje de Alaska a México. Vi cruzar una estrella fugaz en pleno desierto de Arizona. No es que crea en esas cosas, pero decidí intentar lo de pedir un deseo al cielo después de ver la centella.

—Oye —le hablaba a quien me escuchara allá arriba—, si existes, quiero conocer una chica. Quiero enamorarme.

De repente empezaron a cruzar más estrellas fugaces de las que podía contar y pensé: "Ah, es una lluvia de estrellas. Ya no cuenta porque son muchas, no una".

Llegué a México, pasó un mes y conocí a Karla. Empezamos a salir y de la nada me salió con que tenía novio. Me dolió muchísimo, así que salí a correr en la noche —siempre que me estreso salgo a correr— y volví a mirar al cielo. Definitivamente no creo en Dios, pero igual seguía hablándole:

—Oye, dame un mensaje. ¿La pelo o no la pelo? ¿Qué hago?

En ese momento apareció en el cielo otra estrella fugaz y le pedí un deseo: olvidar a Karla y que ella desapareciera de mi vida.

Llegué a mi casa frustrado, pensando en sacarme a Karla de la cabeza y de repente sonó el timbre. Fui a abrir y era una tía.

—Oye, llegó esta carta a la casa —me dijo.

La carta era de esta chica. Me la había escrito hacía dos meses y apenas estaba llegando. Me la mandó por correo convencional, a la antigüita, en una onda muy ñoña. Con la lentitud de Correos de México, me llegó justo en ese día que yo pedía una señal al cielo. Fue muy loco, porque ya estaba marcando un patrón.

Entonces, cuando estaba en Canadá, vi la aurora boreal y me llegó un mensaje de ella al celular. Ya estaba convencido:

"Esta chica es una pinche bruja", me dije.

Tiempo después se lo conté todo a ella, pero lo vio como algo muy normal. Quizá porque sí es una bruja y sabe que es a propósito. Pero ahí sigo igual de tonto, tras ella.

Para esto, en esos momentos, Maydé y yo ya no nos escribíamos tanto. No me respondía en WhatsApp y yo no sabía qué estaba pasando. Era una de esas cosas que iban acumulándose en mi viaje, desatando pequeños sentimientos que me interrumpían y, definitivamente, no me gustaban. Esa noche seguí admirando la aurora boreal hasta que llegué a mi casa de campaña a dormir. Caí exhausto.

El mundo de los viajeros locos

Al día siguiente, uno de los bisontes se había metido caminando hasta el *campground* y todos estaban extasiados con él, tomándole fotos. Entre el campamento y la manada había una distancia grande, y había tanto pasto que pudo haber comido donde quisiera, pero prefirió ir hasta las casas rodantes, al lado de las cuales parecía del mismo tamaño.

Al fin empecé a pedalear, mientras Anaid y Cristian se quedaron. Se dieron un merecido descanso y fueron a meterse en las aguas termales. Pasaron unos cinco días después de cruzar ese lugar cuando entramos finalmente al estado de Alberta. Arribamos en la noche a una pequeña ciudad llamada Dawson Creek, casi en la frontera con Alberta, pero aún en territorio de British Columbia; creo que entre ocho y nueve de la noche. Llegamos a un *campground*, y buscamos a quién pagarle, pero notamos que los administradores ya se habían ido y no había quién cobrara porque las oficinas estaban cerradas. En ese momento llegaron otros dos viajeros cargando mochilas. Era una pareja: un chavo belga y una chica canadiense. Nos hicieron plática y terminamos contándoles nuestra historia.

—Yo estoy pedaleando, tratando de romper un récord —les dije.

—Ah, nosotros ya habíamos escuchado de ti —respondieron para mi sorpresa—. Otro ciclista que se llama Davide Travelli nos contó de ti.

De la última vez que habíamos visto a Davide habían pasado dos semanas, así que fue curioso que nos lo volvieran a mencionar. Nos dijeron que hablaron con él y les contó que había conocido a un ciclista mexicano muy loco que quería recorrer todo el continente en menos de ciento veintitantos días.

Los viajeros se tomaron una foto conmigo y compartimos algunas experiencias. Yo me eché a dormir en la casa de campaña y vi que ellos se quedaron platicando con Cristian y Anaid. Les dijeron que viajaban de aventón y no de norte a sur, sino al revés y zigzagueando.

Es curioso cómo te encuentras en el camino a viajeros que han visto a los mismos viajeros que tú. Aunque hay muchas carreteras, los viajeros siempre nos encontramos. Somos un tipo de mafia. Todos vamos callados y sabemos quién es quién.

Una vez, en mi primer viaje de Alaska a México, vi a uno de los viajeros más raros que haya visto jamás. Venía empujando una carriola para gemelos de la marca Thule. Me llamó la atención. Recuerdo que yo estaba instalando mi casa de campaña y este tipo pasó de pronto. Hasta pensé que era un pordiosero, porque tenía una barbota, traía puesta una cachucha y se veía muy, muy sucio. Pero empecé a ver a detalle que traía una bomba de aire. Lo saludé y, con algo de la pena que me daba pensar que era un pordiosero, le dije:

—¿Tú estás viajando acaso?

—Sí —me contestó.

Me contó su historia y era demasiado loca. Resulta que un día se levantó en su casa y con lo que tenía empezó a viajar. Él vivía en Florida y quería cruzar hasta San Francisco, es decir, de costa a costa. Aunque nos conocimos brevemente, tuvimos un intercambio, porque es común que cuando encuentras a otro viajero le preguntes si necesita agua u otra cosa. Definitivamente, la mayoría de las veces, como ya he contado, soy yo el que está en aprietos y necesita algo, porque soy de viajar ligero.

—¿Necesitas agua o comida? ¿Necesitas dinero? —me preguntó el viajero barbón.

Se me hizo curioso porque nunca había conocido a un viajero que tuviera dinero y, aunque tenía curiosidad de cuánto hubiera estado dispuesto a dar, yo pasé de su apoyo y seguí mi viaje. Tiempo después lo busqué en internet y descubrí que él tenía un rollo muy loco. Regala dinero, seguro de que, de cierta forma, el karma se lo regresará a través de alguien que lo encuentre en la calle.

Hay algo mágico entre esas personas porque, por ejemplo, también me encontré por azar a un tipo a quien yo admiraba y estaba siguiendo en Facebook: Adam Biel. Incluso terminé durmiendo en su casa, pero falta un poco para contar eso.

Luego hubo otra casualidad. Unos tres meses antes del viaje que hice de San Luis Potosí a Guatemala, Belice, y de regreso, yo andaba en bicicleta en mi ciudad, pedaleando como loco entre los coches. Un día vi a dos *hippies* cargando mochilas gigantes. Nunca había visto a alguien que llenara así sus maletas. Iban caminando con un paso muy tenso, muy rápido, como pingüinitos. Atrás de ellos los seguía un perro. Su mirada me pareció familiar, así que decidí acercarme. Era la misma que tengo yo cuando estoy viajando, se me está haciendo de noche y estoy en medio de la ciudad.

—Hola, ¿están viajando? —les pregunté.

—Sí.

—¿Y de dónde son?

El chavo era de Francia y ella era argentina.

—Ah, qué padre. ¿Y qué están haciendo? —continué.

—Vamos a pedir *ride* —me contestó el muchacho.

Ya eran las seis de la tarde. Faltaban solo minutos para que oscureciera, así que se me ocurrió algo.

—Miren, yo también viajo y sé que ahorita ya no van a agarrar *ride*. No sé si quieran quedarse en mi casa.

Y ellos, muy fácil y quitados de la pena, aceptaron la propuesta.

—Ok, pues voy por mi camioneta —les dije.

—Ok —contestó el chavo—. Aquí te esperamos.

Él confió en que yo iba a regresar después de solo una plática bien corta. Creyó también que yo le abriría las puertas de mi casa sin ninguna mala intención. En resumen, él creyó en mí.

—Mientras, voy a trabajar este semáforo —agregó.

Él se refería a hacer malabares en el crucero para pedir algo de dinero a los conductores. Yo fui a mi casa por la camioneta, una *pickup* de mi papá, y volví por ellos. Subimos todas sus cosas y le dimos para mi casa, donde pasaron la noche.

Al día siguiente los llevé al lugar a donde iban a pedir *ride*. Querían llegar a la Ciudad de México. Después me enteré de que llegaron, pero no supe más. Meses más tarde, en mi viaje a Guatemala y Belice, iba pedaleando por el centro de San Cristóbal de las Casas, y de pronto los encontré vendiendo pulseras.

—¿Camila? ¿Marco? —los saludé sorprendido—. ¿Qué onda, cómo están?

¡Qué probabilidades hay de que sucedan esas cosas? Ellos me recordaban con afecto, así que me preguntaron si ya tenía dónde quedarme. Yo ya tenía, pero ellos insistían.

—¿Seguro que no quieres quedarte en nuestra casa?

—No, ya pagué el hostal —respondí.

Cuando yo estaba con ellos, se me ocurrió llamarle a mi mamá, a quien habían conocido la noche que se quedaron con nosotros en San Luis Potosí.

—Mira, mamá, a quién me encontré —dije aún con voz de asombro.

Le pasé a Marco el teléfono. Sabía que a mi mamá le daría gusto escucharlo porque le había caído muy bien.

—Hola, señora. Pues mire, nos encontramos a Carlitos —dijo con su simpática voz rasposa.

Marco me pasó a mi mamá de vuelta y yo le seguí contando a ella lo loca que me parecía esta situación.

—Sí, pero espérate —dijo mi mamá—. Cristian y Anaid están en la casa.

Ellos estaban entonces en San Luis Potosí, hospedando a otra pareja de viajeros: un chavo de Rumania y su pareja de Guadalajara. Mi mamá contó en voz alta que yo me había encontrado a Camila y Marco en San Cristóbal de las Casas. Los viajeros alcanzaron a escuchar a mi mamá y se intrigaron.

—¡Camila y Marco! —exclamaron asombrados—. ¡Son los que viajan con un perrito!

Mi mamá terminó de atar los cabos sueltos y explicó a todos la situación.

—A Camila y Marco también los acabamos de hospedar y resulta que ustedes también los conocen —dijo mi mamá.

De vuelta en San Cristóbal de las Casas, yo me volteé hacia Marco y le pregunté:

—¿Qué tú conoces a Fulanito?

—Sí —respondió él—. Es uno que va con una chica que hace fotografía.

Efectivamente, la novia del chico rumano tomaba fotografías. Entonces sí, se conocían todos. ¡Qué pequeño es el mundo! Al menos el mundo de los viajeros locos que, como nosotros, nos dedicamos a cruzar países sin mucho más equipaje que nuestra confianza para hablarle a la gente.

 ## La amable Canadá

A partir de ahí, hasta Arizona Monument Valley, el viaje se me hizo algo plano. Y no me refiero a la altimetría, sino a la aventura. En un viaje así lo que recuerdas es lo último que te llamó la atención. Por ejemplo, pasaron 10 días y yo aún recordaba a la pareja del *campground* como si hubiera sido ayer. Y es que todo es muy, muy repetitivo. Levantarte, dormir y comer. Las necesidades básicas. Es tan rutinario el día que creo que uno encuentra más aventura en la oficina.

Por el contrario, Cristian estaba fascinado con el espectáculo que nos brindó la naturaleza durante ese tramo. Supongo que él, desde la perspectiva de su asiento tras la ventanilla del carro, se permitía más que yo poner atención a otras cosas que no fueran el esfuerzo de pedalear como desquiciado.

En Alberta, pasamos el Parque Nacional Jasper, que a Cristian le pareció prácticamente un zoológico al aire libre. Luego pasamos el Parque Nacional Banff.

Cuando vas en bicicleta, vas lento y puedes notar los cambios de la naturaleza. Cada 200 kilómetros hay algo distinto, pero en Canadá a mí me pareció que en esos kilómetros los cambios en el paisaje casi no se sienten, porque todo son pinos, pinos y pinos. Ya me había cansado de ver el paisaje porque me había acostumbrado a él. Hubo un momento en que ya no me sorprendían los amaneceres, y creo que eso me hizo sentir todo muy monótono.

De hecho, esa parte de Norteamérica puede ser muy repetitiva. Solo cuando llegas a Estados Unidos cambia la onda. Ahí te reciben las montañas de Montana, porque las fronteras están hechas con ayuda de divisiones geográficas. ¡Y se nota bastante! Estás en la Canadá boscosa y luego en la rocosa Montana. Después de eso, para bien y para mal, mi atención se saltó el resto de Estados Unidos, México y Centroamérica. Tal vez porque ya lo conocía de mis viajes anteriores. Hasta podría decir —y sé que alguien me va a mentar la madre— que Colombia se parece a la Huasteca. Hasta que llegué a Perú me volví a sorprender, porque fue algo superdiferente y eso me emocionó. Te das cuenta de que el desierto es otra onda.

Pero para sobreponerme a la monotonía de Norteamérica tenía mi as bajo la manga: trato de emocionarme. De hecho grito cuando voy pedaleando, para subirme el ánimo. Es algo muy interno. A veces hasta me imagino cosas y no me doy cuenta de que estoy pedaleando.

"Cuando llegue voy a grabar un video con mis amigos de tal tontería", pienso.

Y me quedo en esa idea, pensando cómo realizarla. Necesitaría esto y esto y lo otro. Después miro el velocímetro. Cuando empiezo a sumergirme en mis pensamientos me doy cuenta de que bajo la velocidad. Yo pedaleo en promedio a 25 kilómetros por hora. Veía que le bajaba a 22 y me preocupaba.

"No, no, ¡regresa a la realidad!", pensaba.

Me concentraba y regresaba a los 25 kilómetros por hora.

"Ya, otra vez, puedes sumergirte en tus pensamientos", me decía.

Sorprendentemente, nunca he tenido accidentes por desconcentración. Creo que mi cerebro también para eso funciona solito y detecta los vehículos. En serio, soy buenísimo para ocupar mi cabeza, mientras que pongo mi cuerpo en modo automático. Puedo pensar muchas cosas y no hay momento que me aburra. No me imagino a alguien a quien no le guste estar callado. Para esa persona debe ser todo un infierno estar en un viaje así, porque estás todo el tiempo en silencio. Yo en cambio puedo divagar mucho.

Algo que me ocupó la cabeza durante los largos kilómetros en esta parte del continente fue el recuerdo de un amigo. Cuando crucé por las afueras de Edmonton, recordé que este amigo y su familia me hospedaron durante mi primer viaje de Alaska a México. El tipo era un cicloviajero a quien yo admiraba y seguía en Facebook: Adam Biel. Él entonces estaba rompiendo el Récord Guinness de Argentina a Alaska en bicicleta, que entonces lo tenía un escocés con un registro de 125 días. Era el mismo récord que ahora yo tengo acreditado con un diploma que cuelga en mi cuarto.

Yo seguía a Adam en Facebook desde el primer día de su aventura. Vi las primeras fotos que subió y el paso a paso de su viaje. Pero llegó el momento en que yo iba a emprender mi propia aventura y ya no iba a tener contacto por la falta de conexión a internet y porque prácticamente dedicaría todo mi tiempo a pedalear.

Pues resulta que el universo conspira a favor de tus propios intereses. Me levanté un día cerca de Beaver Creek, Canadá. Estaba inflando la llanta de mi bicicleta, cuando este ciclista pasó por ahí, seguido de su vehículo de apoyo. Su equipo se frenó al lado mío y me preguntó si necesitaba ayuda.

73

—No, gracias —respondí sin entender bien qué pasaba.

Siguieron de frente y reconocí la casa rodante que había visto en las fotos de Adam, así que comencé a gritarles.

—¡Hey, hey!

Ellos frenaron, y les pregunté:

—¿Ustedes son el vehículo de apoyo de un tipo que está rompiendo un Récord Guinness?

—Sí, así es. ¿Quieres venir?

Subieron mi bicicleta a la casa rodante. Cuando alcanzamos a Adam, tuvimos una plática muy amena en la cual él me compartió todo. Me dijo que ya no podría romper el Récord Guinness porque en Colombia se había lesionado la rodilla.

—Solo voy a llegar a Alaska. No voy a subir hasta Prudhoe Bay. Voy a terminar en Fairbanks —me dijo con algo de fastidio—. Esto lo hago para recaudar fondos para niños con autismo.

Luego le mostré mi ruta y dijo:

—Hey, vas a pasar cerca de mi casa en Edmonton. Podrías quedarte ahí, si quieres.

Agradecí la oferta y nos despedimos. Días después llegué a Edmonton. Justamente antes de llegar se rompió una parte de mi bicicleta, una muy pequeña que sostiene a las velocidades traseras.

Yo conservaba el teléfono de Adam, que él me había apuntado en algún papelillo, así que le hablé de un teléfono público.

—Adam, ¿te acuerdas de mí? Soy el ciclista que te topaste en tal parte.

—Sí, sí. Por supuesto —respondió él.

Quién sabe si en verdad se acordaba de un ciclista con el que se había topado en la carretera hacía dos semanas, pero me dijo en muy buena onda:

—¿Dónde nos vemos?

—Mira, estoy cerca de un Home Depot —le expliqué—. ¿Vienes por mí?

Al fin llegó y me llevó a su casa. Ahí examinó mi bicicleta. Él hablaba español, pero del tipo sudamericano, así que me hablaba de *usted*.

—Oiga, ¿y cuál es la parte que se le rompió?

—Esta —le mostré.

—¡No, señor! Esa es una pieza muy difícil de encontrar. ¿La trae? Así ahora la podríamos colocar.

—No, no la tengo —le expliqué.

Ya era tarde, como las ocho de la noche, y la mayoría de las tiendas de ciclismo ya habían cerrado, así que Adam solo alcanzó a llamar a una. Ahí le dijeron que no tenían la pieza.

Creo que a Adam y a su familia les iba bien, porque su casa era muy grande. Tenían un jardín del tamaño de unas cuatro canchas de futbol. Es muy chistosa la vida de un ciclista. Imaginar que vienes en la carretera un día antes, con una lluvia tempestuosa de Canadá, y de repente te encuentras en una casa muy grande y lujosa. ¡Apenas el día anterior estaba durmiendo sobre el lodo en mi casa de campaña! Es algo típico del viaje. Un día anterior te pasa algo muy extremo y al día siguiente algo totalmente opuesto.

Adam se resignó después de no encontrar la pieza. No había nada más que pudiera hacerse por ese día, así que le puso buena cara a la situación.

—Mira, quedé de verme con mis amigos para jugar futbol —me dijo—. ¿Vienes?

—Sí. Oye, pero no tengo ropa deportiva —le expliqué.

—No importa, yo te la voy a prestar.

Adam medía —yo creo— 1.92 metros, así que me prestó un short y un pantalón que, incluso a mí que soy alto, me quedaban grandes. Al ponerme esos shorts, me sentí comodísimo por usar algo flojito, porque hasta ese momento siempre había usado la ropa apretada de ciclismo o un pantalón de mezclilla. Desde aquel entonces, cuando llego a San Luis Potosí, uso muchas prendas de ese tipo.

Fuimos a jugar futbol y me pareció curioso lo que vi, algo que en México creo que no se acostumbra mucho. Era un partido en el cual los equipos constaban de hombres y mujeres. Entonces podías quitarles también el balón a las mujeres. Claro, los hombres intentan no ser bruscos, y eso también me llamaba mucho la atención.

Al regresar con Adam, llegué muy cansado y dormí como nunca. Cuando duermes en casa de campaña, siempre escuchas los pasos de alguien que pasa o de algún animal. También oyes algún trueno a media noche y cuando empieza a llover muy fuerte a las tres de la

75

mañana. De cierta forma nunca duermes bien, así que esa noche en casa de Adam dormí como bebé.

Me levanté al día siguiente como a las doce y media de la tarde, cuando en mis viajes me levanto en promedio como a las siete de la mañana. De inmediato pensé: "¡Qué pena! ¡Rayos! ¿Qué hago aquí? ¡Estoy en una casa que no conozco!".

Recuerdo que abrí la puerta de la recámara donde dormí y empecé a llamar a Adam. Era una casa grande, pero recordé cómo llegar al comedor. Ahí lo encontré sentado frente a su *laptop*, haciendo llamadas telefónicas.

—Pues ya llamé a seis tiendas de ciclismo en Edmonton y la pieza que necesita tu bici no la hay aquí —me dijo a quemarropa—. Al rato voy a conseguir el teléfono de una tienda de Vancouver, y, si no la hay en Vancouver, significa que no la hay en todo Canadá.

En Canadá usan mucho ese dicho: "Si algo no existe en Vancouver, no existe en Canadá".

Por supuesto que la noticia no me gustaba nada, pero Adam me dio opciones.

—Lo que puedes hacer es tomar un avión —me explicó—. No un autobús, porque eso sería más caro. Tendrías que volar a Salt Lake City para encontrar esa pieza. Lo malo es que ya no verías muchas cosas muy bonitas, porque te saltarías muchos kilómetros.

Eso me deprimió bastante.

—Ya lavé toda tu ropa —dijo Adam.

—*What?!* —exclamé sorprendido—. ¿Qué onda? ¿Abriste mis alforjas?

—Sí.

—¿No apestaban?

La última vez que había lavado esa ropa fue en Alaska. Entonces seguro olía a bestia.

—No, no tienes idea de lo que es apestar —me dijo Adam, matizando la situación.

Él ya había viajado en bicicleta sin vehículo de apoyo. Fue desde Alaska hasta Belice y tardó dos años porque iba zigzagueando. También iba reuniendo dinero para combatir el autismo.

—Ahí llegué a pasar muchos días sin lavar mi ropa —me explicó—. Parecía literalmente que tenía un perro muerto en mis alforjas. Eso sí que apestaba.

Apenas estaba superando la pena cuando Adam agregó:

—También lavé tu casa de campaña.

Mientras yo dormía, Adam había sacado todas las cosas de mi bicicleta. Me daba pena. Sentía que yo había quedado como el mexicano huevón que no arregla sus propias cosas.

—Me siento algo incómodo porque hayas hecho todo eso —le dije.

—No te preocupes. Yo sé lo que es viajar. Tú ahora descansa.

Nunca superé del todo la incomodidad, pero agradecí la atención y le seguí la onda a Adam en lo que él proponía para arreglar mi bicicleta. Más tarde me presentó a su familia.

En algún momento Adam había hablado a algunas tiendas de bicicletas en Vancouver y había encontrado la bendita pieza. Cuando le confirmaron la existencia de la pieza, Adam inmediatamente pidió dos de ellas. ¡Tal vez eran las únicas en todo Canadá! El problema es que tardaría una semana en llegar a Edmonton.

Pasé toda esa semana con Adam y su familia. Incluso me llevaron a la fiesta de cumpleaños de una sobrina de Adam, de manera que, al menos por unos días, viví una inmersión completa en la vida canadiense.

Entre las cosas que hice mientras estuve ahí fue cortar el pasto. Una vez se estaban peleando en la familia por quién lo iba a hacer, así que yo me ofrecí a cortarlo. Tenía un tractor grandecito para ello. Nunca había usado uno de esos, así que me pareció interesante y en unas cuantas horas había terminado. Antes de subirme a la podadora, la mamá me preguntó:

—¿Tienes algún reproductor de audio?

—Sí, mi celular —le respondí.

—Bien, ahora le pides a Adam un audio muy bueno que habla de cómo ser exitoso. Lo tenemos en varias versiones, también en español, para que lo escuches.

El audio duraba ocho horas y hablaba de la Ley de la Atracción. Solo alcancé a escuchar una parte mientras cortaba el pasto. Después, cuando continué mi viaje, lo escuché completo. Resulta que el tema era importante para ellos. Todas las mañanas, durante el desayuno, me contaban un poco de la Ley de la Atracción. Entonces no sabía de eso, pero después la entendí mejor e incluso hoy la aplico en mi vida ocasionalmente.

Los días pasaron rápido y por fin llegó la pieza que le faltaba a mi bicicleta. Se la colocaron, me despedí de todos y me retiré. Toda esta historia me pasaba por la cabeza cuando rodeaba Edmonton en este segundo viaje.

 ## Ratonear entre los coches

En esta ocasión ya no crucé por Edmonton, como lo hice en el viaje pasado. Mi ruta actual lo esquivaba. Sin embargo, Calgary, la siguiente ciudad, pegada a la frontera entre Canadá y Estados Unidos, ya no la pude esquivar. No había forma de hacerlo si quería entrar en Montana por ahí. Tuve que entrar en el centro y usar habilidades que la vida me ha dado, pero de las cuales no estoy muy orgulloso.

Hubo un tiempo en que me interesaba mucho algo que le llaman *alley cats*. No son más que carreras clandestinas en bicicleta, y la gente está regularmente en contra de ellas porque han causado accidentes fuertes. En estas carreras se fijan puntos de llegada alrededor de la ciudad, así que uno debe ir a todos ellos y el primero en tocarlos todos gana. Se acostumbra que estas carreras sean en hora pico, para que haya tráfico y la experiencia sea más loca.

Sí, están muy mal estas cosas, pero yo llegué a participar en tres. Entre otras cosas, gané experiencia en pedalear más rápido de lo normal en una zona urbana. Está mal, lo sé, pero aprendí a saltarme los semáforos, subirme a las banquetas, ratonear entre los coches, pedalear en lugares estrechos y todas esas cosas por las cuales la gente se enoja con los ciclistas.

Cruzar Calgary de forma normal, jugando limpio y respetando las reglas, me pudo haber tomado unas cinco o seis horas. Haciendo este tipo de maniobras conseguí reducir ese tiempo a solo un par de horas.

En el proceso, llegó a detenerme la policía dos veces. En la primera iba sobre la carretera principal, que cruza la ciudad por el centro. Si fuera legal cruzar por ahí se podría ahorrar mucho tiempo. Mi plan era tratar de permanecer el mayor tiempo posible dentro de esa carretera principal, pero había espacios donde no había acotamiento ni ningún otro espacio donde pedalear. Entonces me salí y continué entre las calles de casas y fraccionamientos. Había que moverse rápido, de lo contrario se me iría el día en la ciudad y me quedaría ahí atrapado, algo que ya me había pasado durante mi primer viaje en ciudades como Calgary y Salt Lake City.

Y no era solo que no me gustaran las ciudades grandes, sino que también había un problema económico que me forzaba a esquivarlas cuanto fuera posible. Se trataba del hospedaje. Cuando acampo en la carretera normalmente no pago nada, porque pongo mi casa de campaña en un pedazo de tierra que a nadie le importa. En la ciudad, en cambio, cada metro está contado y cuidado por alguien. Además, las ciudades de Estados Unidos y Canadá normalmente están más protegidas y no hay áreas al descubierto. En México y el resto de América Latina, en cambio, hay lotes baldíos donde te puedes quedar a dormir sin mayor problema.

En Calgary terminamos en el RV *Park* que sería el más caro de todo el viaje. Sin embargo, valió la pena por la vista panorámica de la ciudad, ya que estábamos en una colina cerca del parque deportivo donde se celebraron los Juegos Olímpicos de Invierno en 1988.

Después de burlar Calgary con mi ciclismo oscuro, entré finalmente en territorio estadounidense. Cristian aún recuerda orgulloso que, a pesar de las muchas dificultades, estábamos enteros después de haber recorrido el segundo país más grande del mundo, Canadá.

Entramos a Estados Unidos por Montana, por la reserva india de los Blackfeet. Cerca de ahí pasó algo lindo. Estaba en una ciudad muy pequeña donde la gente descansa a gusto en sus jardines. El lugar lo recorrían unos 10 venados despreocupados. De pronto uno de ellos me persiguió como si fuera un perro.

Era un jovencito, tal vez un adolescente. Me vio venir a unos 30 metros y se me quedó mirando como un perro cuando quiere morderte y agacha la cabeza. Yo tengo perro y sé que funciona así. Luego impulsó sus patas delanteras para seguir hacia el rumbo en que yo iba.

"¿Y este venado qué trae?", pensé.

Nunca me dio miedo, ni siquiera cuando empezó a seguirme. Íbamos a la misma velocidad y de pronto él se puso a mi lado: yo sobre la calle y él sobre los jardines, saltando las bardas blancas que dividían las casas. Fue muy loco. Después, el cervatillo perdió el interés y se fue por otro lado.

Aún no entiendo por qué hizo eso, pero siento que tiene algo que ver con el movimiento. Creo que a los coches no los siguen porque van muy rápido, pero, si es una bicicleta, le ven juego. Tal como los perros.

La tía Dolores y Western Union

En Canadá y Estados Unidos comúnmente comíamos en McDonald's. Cristian esperaba con ansias llegar a Idaho para comer papas. Había leído que ahí se cultivan mucho —al grado de que es reconocido como el estado de la papa—. Esperaba comer las mejores papas a la francesa de su vida, que además —suponía— iban a ser casi gratis, dada la abundancia de este tubérculo. Pero no fue así: al probarlas en Idaho Falls, Cristian descubrió que eran las más feas del mundo. Decepcionado, salió pronto del restaurante a poner aire a las llantas del carro, mientras Anaid y yo terminábamos de comer.

Cuando cruzábamos Utah, tratando de librar la zona metropolitana de Salt Lake City, hicimos una parada en Odgen para cobrar un dinero que mi tía Dolores, quien vive en Houston, nos había enviado a través de Western Union. Eso nos ayudó muchísimo, porque con él tendríamos algo de efectivo para enfrentar situaciones en las que no se podía pagar con tarjeta. De hecho, fue la segunda vez que nos envió dinero. La primera vez fue en Fairbanks, antes de empezar el récord.

Al llegar a Sandy, una pequeña ciudad al sur de Salt Lake City, Anaid y Cristian tomaron la decisión de abastecerse de refacciones para mi bicicleta. La táctica en esta zona fue que yo iba a pedalear solo durante el día, ya que era imposible que Cristian y Anaid me siguieran en el entorno urbano o que me esperaran en un lugar definido. Además, ellos tenían que aprovechar el único lugar de nuestro paso por Estados Unidos donde podríamos comprar cosas para la bicicleta. El problema en general era la disponibilidad, ya que no era muy común encontrar lo que mi bicicleta en particular necesitaba. Por esto habíamos accedido a hacer un mantenimiento carísimo en Whitehorse, Yukón. No había de otra.

Antes de llegar a Monument Valley, pasamos por Moab, donde tuvimos que cambiar todo el equipamiento de la bicicleta: casetes, pedales, cables, todo. Y es que todo estaba muy desgastado. Ante este imprevisto, tuve que pedir ayuda de emergencia a mi papá, algo parecido a 20 000 pesos. A todos nos preocupaba pedir una suma tan grande de un jalón, pero si no lo hacíamos, el sueño del récord se hubiera acabado allí. No supe cómo lo hizo, pero mi papá dejó sus asuntos y nos envió el dinero en un par de horas. La rapidez era esencial.

Mientras que a la bici le hacían el mantenimiento total, Cristian se quedó al pendiente y me mandó a un McDonald's a comer y descansar. Según me contó más tarde, a Cristian le salían canas del estrés porque los mecánicos le iban encontrando más problemas a la bicicleta y no sabía si el dinero iba a ser suficiente. Algunas reparaciones no serían necesarias sino en otros 1000 kilómetros, el problema es que no sabíamos si en ese tramo íbamos a encontrar dónde realizarlas, por lo que nos veíamos forzados a anticiparlas. Cristian asegura que, después del encuentro con el oso, este fue para él el momento más difícil que pasamos juntos.

La Ley de la Atracción

Pasaron un par de días y llegué a la zona desértica de Arizona. Ahí distinguí una gasolinera en la que, durante mi primer viaje de Canadá a México, me había detenido a preguntar dónde quedaba Monument Valley, ya que por ahí había dos salidas a la carretera y no entendía bien el mapa. Un hombre me ayudó.

—Mira las placas de mi camioneta —me dijo.

Las placas eran de San Luis Potosí. Resulta que el señor era mexicano y viajaba con toda su familia hasta Washington, así que le faltaba un chorro.

—¿Eres de San Luis Potosí? —le pregunté.

—No, pero este carro lo compré allá.

Creo que él y su familia eran de Chihuahua. Le pregunté dónde quedaba Monument Valley y él, en vez de algún lugareño, me orientó.

—Esta es la carretera. De hecho, de ahí vengo. Es muy bonito, pero a ti todavía te falta. Tú apenas vas a cruzar la frontera con México y yo hasta vengo de regreso.

Platicamos un poco, se impresionó mucho de mi viaje, nos despedimos y cada quien siguió su camino.

Una semana después, cuando al fin había cruzado Monument Valley, llegaba a México, tirando por Ciudad Juárez en ese viaje y se frenó un coche en el acotamiento enfrente de mí. Traía placas de San Luis Potosí.

—¡No, hombre! Tú sigues aquí pedaleando.

Era el mismo señor, que venía de regreso con su familia. No me queda la menor duda: en estos viajes te encuentras a las mismas personas, y al mismo tiempo a la gente que se conoce entre ella. Estas curiosidades siempre ocurren.

—Yo a la mera hora sí me crucé a Canadá —me explicó el señor—. Llegué hasta Vancouver.

Nos despedimos y nunca más volví a verlo.

Monument Valley es esa parte de Estados Unidos, entre Utah y Arizona, donde el coyote se la pasaba correteando al correcaminos en las caricaturas. Tiene grandes valles rodeados de montañas con formas rarísimas, que parecen salidas de Marte u otro planeta. Es un lugar increíble y tengo buenos recuerdos de él.

En ese primer viaje, un día antes de encontrar al tipo del carro con las placas de San Luis Potosí por primera vez, se me torció la rueda trasera de la bicicleta. Estaba preocupado porque ya iba a cruzar Monument Valley, una zona totalmente desértica y donde supuse que no iba a encontrar ningún taller de reparaciones.

Por fortuna había un Burger King muy cerca, así que entré y usé el internet del lugar para investigar cómo arreglar mi rueda. Era muy difícil pero lo logré. Sin embargo, el rin de mi bicicleta no dejaba de crujir y empecé a preocuparme mucho. Poco después me detuve a un costado de la carretera porque justamente se ponchó también la llanta de ese rin.

"Debe ser porque el rin está chueco", pensé.

Entonces recordé la Ley de la Atracción, esa especie de filosofía a la que Adam y su familia me habían introducido durante los días en Canadá.

"Si es cierto que la Ley de la Atracción funciona, quiero que se aparezca de la nada un taller mecánico de bicicletas", me dije, con un evidente desconocimiento de cómo funcionaba dicha ley.

Entonces, como un espejismo del desierto, un trailero se frenó al lado mío y bajó de su vehículo.

—Hola, ¿qué pasa? ¿Qué tienes? —me dijo.

—El rin de mi bicicleta se enchuecó.

Vi que agarró mi bicicleta como si supiera lo que estaba haciendo. Cambió las velocidades, agarró el pedal con la mano y lo movió para que la llanta girara.

—Eres mexicano, ¿verdad? —me preguntó.

Me dio la mano y agregó:

—Me llamo Juan. Yo fui el mecánico de la selección nacional de ciclismo de Estados Unidos en el noventa y tantos. Tu bicicleta está bien.

No podía creer mi suerte. Entonces aproveché para asegurarme de que mi bicicleta quedara bien.

—Es que yo le moví hace rato y no estoy muy seguro de si lo hice bien —le expliqué.

—Pues le moviste bien. No te va a pasar nada.

—Es que voy hacia Monument Valley y me preocupa que se vaya a descomponer.

—Uy no, no te preocupes —dijo con mucho desenfado—. Ahí hay muchos lugares para arreglar.

Recordé que iba a llegar en domingo a Monument Valley, entonces le dije:

—Oiga, pero mañana es domingo. ¿Qué tal que no hay nada abierto?

—No importa —aseguró él—. Ahí abren de lunes a domingo. Es un lugar muy turístico donde a la gente le gusta ir a andar en bicicleta. Entonces, no va a haber problema.

Se despidió de mí, subió a su tráiler y siguió adelante. Fue otra curiosidad de la vida, pero me hizo pensar más seriamente en aquello de la Ley de la Atracción.

👓 Presencia apache

En este último viaje, Cristian, Anaid y yo pasamos por la parte de Monument Valley en donde Forrest Gump se detiene y dice: "Ya estoy cansado". Era curioso porque *Forrest Gump* es una película y lo que yo estaba haciendo era real. Yo también estaba cansado, pero todavía me faltaba un montón. Llevaba apenas un 25% de mi viaje.

Anaid, Cristian y yo nos tomamos una foto ahí, y seguimos hasta St. Johns, un lugar ya bastante adentrado en el estado de Arizona. En esta ruta pasamos varias reservas de nativos americanos donde no vimos ni un güero. Había muchos nativos por la calle, caminando. A mí me refrescó la vista observar algo nuevo, porque ya padecía algo de agotamiento por haberme acostumbrado al paisaje.

Llegamos a St. Johns y ahí Cristian, buscando un *campground*, conoció a una señora que nos dejó dormir en uno que era solo para casas rodantes. Nos recibió y nos cobró menos, me acuerdo bien. A la señora le cayó bien Cristian. Ella tenía un perro que se llamaba Omar, lo cual nos llamó mucho la atención. Le mostramos nuestra ruta y ella nos sugirió que podríamos cortar hacia la frontera por la carretera 191, que pasa por una zona boscosa y llega a un pueblo que se llama Clifton, donde hay una mina.

—Estoy pensando que quizá sea muy peligroso para ti en bici. No sé si estés acostumbrado a hacer esas cosas —nos advirtió la señora.

Yo subestimé la advertencia porque ya he pasado por todo tipo de carreteras. Pensaba en mi cabeza que una ruta más en una carretera gringa no podía ser peligrosa, principalmente porque en Estados Unidos tienen superbién cuidados sus caminos.

—No, no se preocupe —le dije a la señora—. Yo soy muy bueno en esto.

—No te vayas a caer —me advirtió ella de nuevo.

Al día siguiente empecé a darle a la ruta que nos indicó ella. La verdad es que sí nos ahorraba camino, pero a la mera hora salía lo mismo porque no checamos antes —no habíamos tenido internet— que había una altimetría muy grande. Como consecuencia, ese día pedaleé solo alrededor de 140 o 150 kilómetros, pero en pura subida.

Durante ese camino pasó algo raro. A mí, cuando pedaleo, me da por jugar con mis pensamientos. Voy imaginando cosas, gente que corre a mi lado, otros ciclistas y cosas así. Creo que me tomé muy en serio el aspecto tétrico de los bosques en esa zona, pues empecé a imaginar que cada vez que daba la vuelta en una curva había una niña ahí parada. Pedaleaba y ahí estaba ella.

"Demasiada imaginación —pensé—. Mejor la borro".

Seguí avanzando y cada vez ahí estaba ella adelante, vestida de blanco. Y, de repente, empecé a imaginarme a un indio estilo hollywoodense, un piel roja, parado al lado de la niña. Eran demasiados estos pensamientos que me acosaban. Incluso comencé a sentirme observado y a voltear hacia atrás mientras pedaleaba. No ayudaba que era un camino bastante abandonado. En unas 10 horas pasaron a lo mucho unos 20 carros.

Llegó la noche y nos dimos cuenta de que la ruta estaba muy pesada. Teníamos que subir. Al fin descubrimos que, a la mitad de esta ruta, había un *campground* en medio del bosque. Era un campamento del tipo de donde llegas, lees cuánto cobran por dormir ahí, abres una caja en la recepción y pones ahí el dinero. Solo hay un baño con un vil hoyo y zonas para acampar con asadores. No hay nadie cuidando. Me cuesta creer cómo los gringos confían en que los que entran van a pagar. Cristian de todas maneras metía dinero —ok, solo en algunas ocasiones—. Pero esta vez metimos los billetes en la caja y empezó a oscurecer.

Pusimos la casa de campaña y Anaid comenzó a quejarse.

—Se siente bien feo aquí, Carlos. ¿No les gustaría ir un poquito más adelante?

—Ya nos detuvimos, ya está oscureciendo y ya sacamos todas las cosas —respondió Cristian.

—Es que se siente en verdad muy feo aquí —insistió ella.

Cuando Anaid estaba en eso, yo me sumé a las quejas.

—Entonces, tal vez haya algo aquí, porque yo también siento feo.

En ningún otro lugar habíamos dicho nada parecido. Definitivamente, no somos gente miedosa. Si alguien me dice de una casa embrujada, yo podría meterme sin problema alguno, no sé si porque soy ateo o por qué. Pero ahí en verdad sentía algo que me estaba fregando.

—Siento que aquí hay como almas de indios —le dije a Anaid.

85

Nunca le describí a mi hermana exactamente qué veía. A ella le estaba dando mucho miedo y hasta lo pensó dos veces antes de ir al baño. Yo me estaba burlando mucho de esa situación.

—Ana, cuidado con el indio que vas a ver cuando abras el baño —le decía.

Cenamos y nos metimos en la casa de campaña.

—Cristian, ya apaga la luz —pedí.

Cristian apagó la lámpara que llevábamos e inmediatamente sonó el graznido de un pájaro. Fue espeluznante.

—Cristian, vámonos de aquí —exigió Anaid, a quien casi se le salía el corazón.

Cristian abrazó a mi hermana y después de un rato nos quedamos dormidos en el bosque embrujado. Acostumbrado a viajar solo por lugares desconocidos, yo ya había probado miedos similares. Recuerdo en particular una vez, en mi viaje de San Luis Potosí a Guatemala y Belice, en que tuve que dormir sintiendo una presencia muy fuerte afuera de mi casa de campaña. Fue terrible.

Toda esa parte de Estados Unidos tiene una presencia apache muy fuerte. A lo largo de la historia, desde que llegaron los ingleses, hubo momentos muy violentos y muchas matanzas contra los indígenas, así que yo imaginaba que los espíritus apaches se habían quedado defendiendo el bosque.

Logramos descansar, pero yo al día siguiente bromeaba mucho con esa idea.

—Es por tu culpa, Cristian —le decía Anaid—. Te ven amarillito como los ingleses y piensan que vienes a invadir.

Además de las reservas apaches, esta zona era peculiar porque veníamos de Monument Valley, un lugar desértico, y llegamos a una zona boscosa y húmeda. Y al siguiente día, toda la jornada rodamos de bajada y volvimos a entrar en una zona desértica de minas. Todo el lugar está excavado, con máquinas por doquier. Es uno de esos lugares de los que nadie cuenta, pero ahí están. Me llamó particularmente la atención que el lugar tenía en la entrada una especie de barricada, compuesta por dos grandes puertas de metal que bloqueaban por completo la carretera. Por fortuna, cuando pasé estaban abiertas.

86

Al llegar al *campground* era de día y yo seguía fregando a Anaid con lo de los indios.

—¿Ya viste que hay uno en el baño? Yo no sé si sea real. Tal vez nos siguió hasta acá.

—¡Ya, Carlos, cállate! —me gritaba ella, fastidiada.

La malicia mexicana

El lugar a donde llegamos iba a ser el último en el que pasábamos la noche en Estados Unidos. Se llama Lordsburg. Fuimos ahí gracias a la señora del perro Omar. Nos agradó la ruta que nos sugirió ella, porque incluía varios aspectos que nos gustaban, incluyendo que no íbamos a pasar por Ciudad Juárez.

Tuvimos que buscar un nuevo cruce fronterizo por dónde entrar y encontramos uno que del lado estadounidense se llama Antelope Wells, y, del mexicano, El Berrendo. Cristian había leído en algún lado que es la aduana menos transitada entre Estados Unidos y México. El problema de esa pequeña grieta en la frontera es que solo abría de las ocho de la mañana a las cuatro de la tarde. Entonces, no podía llegar dentro de ese horario.

De Lordsburg a El Berrendo eran como 150 kilómetros. Es decir, yo tenía que recorrer esa distancia antes de las cuatro de la tarde. Era un tiempo muy justo y eso implicaba que no podía perderlo reparando llantas. Una ponchadura a veces te puede quitar mucho tiempo, más cuando no puedes parcharla o no traes cámara. Esa vez, sin importarles mi prisa, las dos llantas se poncharon. Cristian no llegaba, seguía en Lordsburg lavando y comprando las cosas. Perdí una hora reparando las dos llantas, buscando los hoyos y colocando los parches. Con todo y eso, logré llegar como a eso de las tres de la tarde a la frontera.

La aduana es muy poco transitada. Creo que por eso no la abren tanto tiempo. Llegamos a la garita mexicana. Era una pequeña casita donde, recuerdo bien, estaba un oficial. Al lado había un destacamento militar con unos 20 soldados, varios en sus posiciones detrás de costales de arena y otro en la torreta. Pero para la aduana solo había un oficial de migración.

Para Anaid y para mí fue muy fácil salir. El oficial solo nos checó el pasaporte. Pero a Cristian se la hizo difícil.

—¿Tú no eres de México, verdad? —le preguntó el oficial—. ¿Dónde está tu papel donde avisas que ibas a salir de México y después a regresar?

Cristian respondió que ya tenía residencia mexicana, porque se había casado con mi hermana, y que le habían dicho que cuando él saliera del país ya no debía avisar.

—No, usted tenía que avisar —insistía el oficial.

Nosotros estábamos nerviosos por la situación, pues el ambiente en general era bastante feo. Esa parte de la frontera está desierta y el camino es pura terracería. Solo había una patrulla y los carros de los soldados. Yo tenía la impresión de que, si hubieran querido desaparecernos, podían hacerlo y nadie se enteraría.

El oficial, después de un rato, llamó a un asesor para explicar la situación y colgó. No supimos qué se dijeron.

—Mira, yo no debería dejarte entrar porque tendrían que hacer ahora otros papeleos —dijo el oficial a Cristian—. Ahora voy a hacerle como si sí hubieras avisado, pero esto no se vuelve a hacer.

El oficial nos había dado chance. Se puso buena onda y simplemente hizo como si nada hubiera pasado. No recuerdo qué apuntó en el pasaporte de Cristian y nos puso el sello de ingreso en México.

Cristian, hasta ese punto, había estado recaudando firmas en los puntos de información turística, aduanas y en cualquier otro lugar donde podía. Récord Guinness es muy estricto con eso para, de alguna forma, poner reglas fijas a la gente que quiera romper una marca. Su fórmula habitual era: "Mire, él es Carlos, el que va pedaleando. Estamos rompiendo un Récord Guinness y le pedimos que nos ponga su nombre y firma, confirmando que vio a Carlos en bicicleta a tal hora, de tal fecha en este lugar".

Cristian ya había conseguido firmas de policías en Estados Unidos, funcionarios de comisarías, guías de turistas y de mucha gente cualquiera, así que apenas habíamos cruzado la aduana de El Berrendo, cuando nos dijo en voz baja:

—Oigan, ¿le pedimos la firma al oficial? ¿Le explicamos que estamos rompiendo un récord?

Anaid y yo pusimos cara de que no podíamos creerlo. Nos parecía complicada esa parte de Cristian. No lo comprendemos bien, pero suponemos que, por su cultura, él ha batallado para entender la malicia mexicana.

Pusimos cara de "no" y Cristian lo comprendió. Nos fuimos, seguimos rodando hasta alejarnos de la aduana. Yo iba en bicicleta y ellos atrás de mí. Más adelante se frenaron y ahí regresamos al punto.

—Te pasaste con eso de querer pedir firmas —le dije a Cristian.

—Pero... ¿por qué? —preguntó él sin entender.

—¿Qué no ves la situación y el lugar en donde estamos? Si se entera de que venimos viajando desde lejos va a pensar que tenemos dinero. ¡Por cualquier cosa nos pueden sacar dinero!

Ahí estábamos de pronto discutiendo en medio del desierto, a unos 500 metros de la caseta.

—Mira, ¡no hay nada aquí! —insistía yo—. Este lugar se ve muy mal. Ese tipo queriéndote trabar ahí con un permiso y tú tratando de pedirle su firma.

Siempre hemos batallado con Cristian por el mismo concepto de seguridad. Por ejemplo, en el trayecto de Monument Valley a St. Johns, a Cristian le incomodaban los nativos americanos y se sentía inseguro, cuando los nativos en realidad eran muy buena onda y no había qué temer. Creo que era porque los nativos se le acercaban mucho para hacerle la plática, porque ahí no hay mucha gente de piel blanca. Pero eso le incomodaba, se le hacía como un acoso y algo peligroso.

Acá en territorio mexicano, donde sí había peligro, él no lo notaba para nada. Y seguido, durante el viaje, tuvimos incidentes relacionados con el factor "Cristian no advierte el peligro". Siempre supusimos que se debía a su origen y cultura.

Recordé algo que nos contó Anaid cuando ellos vivían en la Ciudad de México. Una noche salieron a un bar con una pareja similar a ellos, pero al revés. Él era mexicano y ella rumana. En un momento en que Cristian fue al sanitario, la chica se sinceró con Anaid:

89

—Tienes mucha suerte de estar con Cristian. De donde él viene la gente es muy reservada y muy buena. Todo el mundo se conoce porque es una ciudad muy pequeña. Lo malo de eso es que Cristian podría pensar que todos son buenos como allá.

De hecho, noté esa característica de Cristian desde el día que lo conocí. Yo iba saliendo de Huitzuco, en mi ruta hacia Acapulco. Cuando vi a Cristian por primera vez, nos saludamos y él me dijo:

—¿Viajas en bici?

—Sí, ¿y tú? —le respondí.

—También.

Y de la nada me pidió un favor:

—¿Puedes cuidar mi bicicleta mientras voy por agua?

Yo acepté algo confundido, porque nadie hace eso en México. Cualquier vato te podría robar la bicicleta por confiado. Cristian ni siquiera me había preguntado nada de mí, no sabía quién era yo ni por qué estaba viajando.

"¡Qué loco tipo! —pensé—. ¿Por qué me encargó su bicicleta? Si yo fuera alguien malo, ya se la hubiera robado".

Después de la discusión en la aduana, finalmente nos adentramos en México por Chihuahua. El mapa nos mostraba que, tarde o temprano, dejaríamos la terracería y nos encontraríamos con una carretera ancha que nos llevaría a Chihuahua capital. Cristian debía conducir muy lento porque las llantas del carro se hundían en la tierra y tenía que esquivar baches enormes del camino para no maltratar el coche. Yo, en cierta forma, iba más rápido. Entonces les dije:

—¿Saben qué? Yo le voy a dar porque de todas maneras ustedes al rato me van a alcanzar.

Seguían como tres kilómetros de terracería donde no había más que baches. Nada de coches. Solo recuerdo que vi pasar dos o tres tráileres que jalaban remolques.

Cuando ya iba a interceptar la carretera, noté que a partir de ese tramo estaban empezando a pavimentar el camino. Pronto llegué a una intersección donde me topé de una forma perpendicular con la carretera. Y justamente cuando iba llegando, llegó también una camioneta. Era de narcos. Lo supe de inmediato porque alcancé a ver los rifles por las ventanillas.

Era una camioneta de doble cabina y dentro iban varios tipos. El de enfrente me miró e igual el de atrás. Obviamente no iba a estar de mirón, pero noté que al frente estaban dos personas y atrás solo alcancé a ver al que estaba pegado a la ventanilla. En lugar de portavasos, ellos traían más bien una portaarmas.

Yo sé de armas solo por los videojuegos. Pero sabía lo suficiente como para identificar dentro de la camioneta dos rifles M4, de los que suelen llevar los policías federales de México. No sabía qué hacer e inevitablemente me puse algo nervioso. Los miré rápido y bajé la vista, pero luego rectifiqué.

"No hay que mostrarse nervioso —pensé—. Van a creer que en verdad ando haciendo algo malo".

Los volví a mirar de la manera más normal que pude, como si fuera cualquier otra gente. Luego miré hacia el frente, a la carretera. Anaid y Cristian ya habían llegado a ese punto y yo los miré con confianza, como dándoles a entender a los tipos en la camioneta: "Estos vienen conmigo, me vienen protegiendo".

Anaid y Cristian se siguieron inmediatamente, pero se detuvieron más adelante como lo hacían habitualmente. No se dieron cuenta de lo que estaba pasando. Afortunadamente, los narcos solo siguieron el mismo camino que nosotros unos tres o cuatro kilómetros. Después se regresaron.

Me chocó que Cristian y Anaid se detuvieran así nada más, sin pensar que ese comportamiento podría parecerle sospechoso a los narcos, así que más adelante, en cuanto nos reencontramos y pudimos hablar, les reclamé.

—Oigan, ¿por qué hicieron eso? Aquí ya no pueden hacer eso.

Volvimos a tener una discusión, como la que acabábamos de tener en la frontera.

—¿Qué no vieron que en esa camioneta iban narcos? —les dije.

Entonces confirmé que ellos no lo habían notado. No recuerdo bien qué les dije, pero simplemente les di a entender que siguieran y que había que detenerse lo menos posible.

Me dejó un muy mal sabor de boca la entrada a México. Me duele decirlo, pero ya me esperaba algo parecido. Desde el principio, cuando buscamos patrocinios en la Ciudad de México, ya estábamos acostumbrados a esperarnos lo peor. De alguna forma, sentimos que esto era algo deportivo que a nadie en el país le importaba lo suficiente, y sentimos que por las circunstancias íbamos a tener a México en contra.

Visto en perspectiva, la transición fue muy fuerte después de estar en Canadá con florecitas y gente amable. Llegamos a nuestro país, nos maltrataron en la frontera y nos topamos de golpe con el crimen organizado en nuestras narices. Nos estábamos acostumbrando a que todo era bonito y se nos había olvidado cómo es México. Pero entonces llegamos y lo recordamos: "Ah, sí. México es así".

Creo que Anaid y Cristian sintieron más la diferencia. Ellos en ese punto ya estaban más ciscados, porque, aunque conocíamos el país, para todos había mucho de nuevo en todo este viaje.

✍️ Pensé que andábamos quedando

Ese día llegamos a Janos, un pueblito de Chihuahua. Al llegar había un retén, el primero que veía en todo el viaje. Cuando voy en bicicleta la policía nunca me revisa, pero fue curioso cómo estaban los oficiales en el retén. Estaban vestidos muy de película y con las metralletotas al frente. Todos traían lentes de aviador y la placa colgando de una cadenita, como en la película *Bad Boys*.

"Híjole, estos sí tienen cara de que van a pedirte mordida", pensé.

Cuando crucé el retén, volteé para atrás y a Cristian y Anaid tampoco los habían detenido. Respiramos tranquilos y llegamos a Janos a pasar la noche.

Al día siguiente, solo pudimos avanzar hasta Flores Magón. O sea, hicimos solo ciento y tantos kilómetros, no los 200 que queríamos recorrer por jornada. Esto fue porque ese día se me ponchó varias veces la llanta de la bicicleta. Me imaginé que las condiciones del camino también eran distintas a las de los de Estados Unidos y Canadá.

Más tarde, Cristian me mandó un mensaje al celular y lo revisé cuando estaba parchando mi llanta:

—¿Sabes qué? Vamos a quedarnos en Flores Magón. Ahí te vamos a esperar sobre la carretera.

Esa era la técnica al llegar a un pueblo: ellos siempre se estacionaban por la entrada y esperaban a que yo los alcanzara.

Ya se estaba oscureciendo y yo no podía pedalear más. Cuando llegué, ellos tenían el coche estacionado al lado de un puesto de hamburguesas. Vi que estaban platicando con el tipo que las preparaba y me sonrieron en cuanto llegué. Era esa misma cara que me hicieron cuando vimos a Jim Brennan, el viejito que venía caminando desde Alaska y quería llegar hasta Argentina. Con esa cara básicamente me querían decir: "Mira, ven a conocer a esta persona".

No era un puesto hechizo, sino que estaba elaborado en cemento. Aunque era un poco chico, tenía una barra, que era el único lugar donde uno comía. Me senté en la barra, pedí una hamburguesa —tenían también hot dogs y alguna otra cosa—. Cristian y Anaid en realidad también acababan de llegar. El hombre de las hamburguesas empezó a preguntarnos de dónde éramos.

—Somos de San Luis Potosí —respondí.

Nosotros íbamos con un perfil bajo. Con todo eso que vimos al entrar en México, no me gustaba explicar todo lo que estábamos haciendo. Creía que la gente podía malviajarse, pensar que traíamos dinero e intentar cualquier cosa para chingarnos. Entonces, íbamos inventando cosas sobre la marcha sin llegar a un acuerdo.

—Somos de San Luis Potosí y venimos a visitar a nuestra familia, que está en Chihuahua, muy cerca de aquí —explicó Anaid.

Luego intervine yo.

—Andamos recorriendo de aquí para allá, entrenando, porque yo soy ciclista y quiero probar nuevas altimetrías —dije.

Al hombre le llamó la atención Cristian. Entonces, le preguntó de frente:

—¿Y tú de dónde eres?

—Pues yo soy de Rumania —contestó Cristian.

Sin esperárnoslo, el hombre reviró:

—Ah, la capital de ahí es Bucarest, ¿verdad?

—Sí, sí.

Entonces el cocinero empezó a nombrar los lugares que quedan alrededor de Bucarest y Rumania. ¡Ni siquiera yo, que soy cuñado de Cristian, me los sé!

—Yo tengo muchas ganas de ir a Ucrania, a donde fue lo de Chernobyl —nos contó el cocinero.

Luego nos habló a detalle de muchos lugares de por ahí y todos los sitios que le gustaría ver.

—A mí me gusta mucho viajar —nos confesó.

Y como intuyendo lo que nosotros teníamos en la cabeza, se anticipó a explicar:

—Bueno, sí. Sé que soy un simple vendedor de hamburguesas y quizá no me crean, pero yo he viajado mucho. Yo fui a Estados Unidos a trabajar, y también a Canadá. Me gustó más Canadá porque es más tranquilo.

Nos explicó que debió irse a Ciudad Juárez, pero que no había nada que ver allá, así que prefirió instalarse en Flores Magón.

—Está mejor aquí —nos dijo—. Pero ya díganme la verdad. ¿Ustedes vienen desde más lejos, verdad? Ustedes vienen de Estados Unidos. ¿Andas viajando en bicicleta o qué?

Eso nos causó algo de gracia, porque, de toda la gente que encontramos en el camino, nunca nadie nos había descifrado con tanta precisión. Creo que nadie ni siquiera lo sospechaba. Aunque nos estaba adivinando, de todas maneras nunca le dijimos la verdad.

Me acuerdo de que le gustaba mucho hablar y nos contó mucho de su vida personal y la vida en el pueblo. Fue muy curiosa la plática con él. Siento que nos entendimos bastante bien.

Dormimos y al día siguiente le dimos rumbo a Chihuahua. Ya faltaban pocos días para llegar a casa y también para pasar por Zacatecas, donde vivía Maydé. Aunque con ella se estaba perdiendo la relación, yo le seguía mensajeando.

—Ya voy a pasar por Zacatecas —le escribí por esos días.

Siempre buscábamos rodear las ciudades y encontrar caminos alternativos para quedarnos a dormir en las afueras. Para mí como ciclista hacer eso es lo más fácil. Pero ese día que llegamos a Zacatecas, ya les había dejado a Cristian y Anaid algo claro:

—Quiero pasar por Zacatecas y ver a Maydé —les avisé.

Ellos aceptaron mi capricho y, a pesar de poder tomar el atajo para ir a San Luis Potosí sin pasar por Zacatecas, ese día dormimos dentro de la urbe. Me dieron chance. Ahí estaba yo nuevamente pedaleando dentro de una ciudad, aunque no tenía mucho tráfico. Llegué a un hotel, metí mi bicicleta, bajé y le hablé a Maydé.

—¿Dónde estás? —le pregunté.

—Ya voy en camino —me respondió.

El hotel estaba cerca del centro, así que, cuando Maydé llegó, salimos a caminar por esas bellas calles coloniales. Platicamos de muchas cosas. La abracé, le dije que la extrañaba, pero ella estaba muy seria, muy seca. Entonces empezó a recibir llamadas en su celular. Recuerdo que, cada que le llegaba una, se alejaba bastante de mí para contestar. Era una interrupción muy drástica y después volvía.

En un punto tomó una llamada en la cual se tardó demasiado tiempo. Era obvio que había algo mal, que tal vez no me quería decir algo. Entonces vino una tercera llamada y se alejó mucho más que antes. Cuando regresó, le pregunté:

—¿Tienes novio?

Se suponía que no debía tener. Digo, ella y yo no andábamos, pero estábamos quedando.

—Sí, Carlos —me respondió.

Para mí eso fue una gran decepción. ¡Rayos! Le venía mensajeando desde Alaska y no eran mensajes de amigos. Era el tipo de mensajes que uno escribe con quien está tratando de mantener una relación. Ese momento me afectó demasiado: me sentí quebrado al lado de ella.

—Yo pensé que estábamos quedando —le dije.

Empezamos a discutir y ella no sabía qué decir. Simplemente guardaba silencio. Yo le dije que no podía seguir con ella, que no podía hablarle. Me despedí de ella, me fui al hotel y ese día no dormí nada. Me sentía completamente mal.

Lo negativo atrae a lo malo

Al día siguiente tenía que llegar a San Luis Potosí, pero me sentía abatido. Muy mal, muy triste. Empezó mi día y debía hacer como ciento noventa y tantos kilómetros, y, cuando apenas llevaba unos 50, los frenos de mi bicicleta se atascaron y comenzaron a rozar ligeramente la llanta. Traté de seguir así, pero, después de otros 40 kilómetros, se rompió el cable de las velocidades. Lo que nunca me había pasado desde Alaska hasta Zacatecas me pasó en la ruta Zacatecas-San Luis Potosí.

Yo veo que, cuando me pasan cosas negativas como cuando me deprimo o algo así, siempre empiezan a sucederme cosas aún más malas.

Entonces, seguí pedaleando con los frenos atascados, que ligeramente tocaban el rin, y un cable suelto de mi bicicleta. Y ni siquiera pude pedirle ayuda a Cristian porque él y Anaid, cuando ya me faltaban 100 kilómetros para llegar a San Luis Potosí, me dijeron que preferían adelantarse para lavar mi ropa y prepararse para el día siguiente. Pero se nos fue la onda y Cristian se llevó mi herramienta, incluyendo la necesaria para haber desatascado los frenos y quitado el cable suelto.

Cristian se llevó la herramienta porque nunca pensamos que iba a sucederme algo así de malo, menos en la ruta Zacatecas-San Luis Potosí. ¡Por Dios, no me ocurrió ni en la Dalton Highway! ¿Por qué me iba a pasar entre ahí? Sin embargo, sucedió.

Tuve que llamarle por teléfono a Cristian.

—¿Sabes qué? Pasó algo. Tráete la herramienta, porfa.

Llegó, cortamos ese cable que salía volando y desatascamos los frenos con llaves Allen. A partir de ahí tuve que pedalear con una sola velocidad hasta llegar a San Luis Potosí, ya que el cable que cortamos era esencial para el cambio de velocidades. Fue muy difícil sortear las subidas y bajadas del camino con una sola velocidad. Finalmente arribé a San Luis Potosí como a las ocho de la noche, cuando en realidad debía haber llegado como a las cinco de la tarde. Toda mi familia me estaba esperando. Me recibieron con un pastel sorpresa que tenía dibujado con *fondant* un mapa de la ruta que yo estaba siguiendo. A ellos se les ocurrió poner un punto en San Luis Potosí, dando a entender que ya estaba a la mitad del recorrido, cuando en verdad no. Era el 38%, ni siquiera el 40% así que traté de no ser pesimista y les seguí la onda con la celebración.

"Sí, la mitad... ", decía para mis adentros.

Mi mamá me había preparado mi comida favorita: costillas BBQ y alitas. Mi familia estuvo un rato y después se fue. Luego, cuando Cristian empezó a explicarme la ruta del día siguiente, yo caí en lágrimas.

—Carlos, si quieres mañana descansamos —me dijo entonces Cristian—. Pero debes saber que, tras este descanso, vas a necesitar hacer siete kilómetros más cada día.

Antes, como mínimo, debíamos hacer alrededor de 185. Y con este descanso teníamos que hacer arriba de 192 kilómetros, si queríamos romper el Récord Guinness.

—Sí, necesito descansar —le respondí.

Mi mamá estaba ahí y observó todo esto, aunque yo hubiera preferido que no me viera así. Me preocupaba que me viera débil, cuando me faltaba más de la mitad del viaje.

Me había costado trabajo hacerle entender a mis papás que mi pasión era andar en dos ruedas por las carreteras del mundo y que, por lo tanto, valía la pena aceptar los grandes riesgos que eso conlleva. Fue un proceso largo y empezó con mi primer viaje, el de San Luis Potosí a Acapulco.

Encontré mi inspiración para hacer ese viaje un 16 de septiembre de 2011. Yo estaba en el semáforo y vi a un extranjero.

—Oye, ¿de dónde vienes? —le pregunté.

—Soy francés. Tomé un vuelo a Argentina y vine viajando hasta acá —me dijo.

Desde ese momento empecé a planear mi viaje, que finalmente inicié el 2 de enero de 2012. En los meses previos a salir, estuve fregando a mis papás a toda hora con eso. Yo me había convertido en un acosador total para ellos con esa idea.

—Voy a hacer esto, lo voy a hacer —les repetía.

Insistí tanto que hubo un momento en el cual ya lo tenían en la cabeza. Les hice ver esa aventura loca como algo muy normal. Entonces, a partir de que hice esos dos viajes, para ellos había quedado bien claro:

—Mi hijo hace esto. Es la chistosada que sabe hacer.

En mi viaje de Alaska a Argentina, mi mamá aún tuvo que sobreponerse a su miedo. Siempre, cuando describe cómo la pasó durante ese tiempo, dice que le pesó mucho y se la pasó llorando los primeros días.

Desde luego, hay mucho de cultural en esto. Hay países donde el cicloturismo es totalmente normal, pero aquí en México no, porque no existe esa cultura. Por eso mi mamá lloraba y yo no podía entenderlo. Afortunadamente, para cuando salí a conquistar el Guinness, a mi mamá le pesaba menos la idea de tener un hijo cicloviajero. Además, la idea de que Cristian y Anaid vinieran conmigo le tranquilizaba.

¿Por qué nos hacen esto?

Al día siguiente me desperté sin fijarme en la hora. Solo recuerdo que me la pasé acostado todo el tiempo. Llegó una prima que no pudo ir la noche anterior y me la pasé platicando con ella. Solo estuve descansando. No tengo un buen recuerdo de ese día, solo que estuve tirado en mi cama.

Llegó el día en que iba a salir y me sentía superdescansado. Muy bien. Regresé a la bici y avancé sin pena ni gloria hasta tomar el Arco Norte, la desviación que lleva a Puebla sin pasar por la Ciudad de México. Tratábamos de llegar a dormir a algún lugar cerca de ahí. Iba pedaleando con Cristian y Anaid tras de mí, cuando pasamos un retén. Yo lo pasé normal, pero vi que a ellos los detuvieron.

"Rayos, nosotros tenemos todos los papeles. Es obvio que estos policías están pidiendo dinero", pensé.

Se me ocurrió regresarme, y fue bueno que lo hiciera, porque mi hermana se estaba poniendo histérica con el policía. Traté de hacerme cargo de la situación con los policías. Les conté, pero no todo por lo mismo, por temor a que creyeran que teníamos mucho dinero. Uno sabe cómo es la policía en México.

Los oficiales me alegaron que para circular en esa zona necesitábamos permiso de circulación, porque ese lugar todavía pertenecía al Estado de México. Nosotros estábamos convencidos de que no era cierto.

—Nosotros aquí no necesitamos permiso —dijo Cristian en algún punto.

Y después otro oficial de los dos que teníamos encima salió con que no teníamos la estampa de verificación que certificaba que nuestro coche no contaminaba. La estampa existe, pero a los coches de San Luis Potosí —lo investigamos después— no les hacen esa revisión. Para no hacer el cuento largo, los policías nos reclamaban cualquier cosa y nos amenazaban con que el auto iba a pasar tres días en el corralón.

"¿Qué onda? ¿Por qué nos hacen esto? —pensaba yo—. En ningún país nos hicieron una jalada de estas y aquí, en nuestro México, sí".

Antes de que nos pidieran dinero, uno de los policías todavía hizo el numerito para disfrazar la extorsión.

—Deja le hablo a mi comandante —dijo.

El comandante llegó y le dio la razón a todo lo que le decían los oficiales. Entonces me desesperé e intervine.

—A ver, ¿entonces cuánto dinero piden?

—No, no. Nosotros no estamos pidiendo dinero —me respondió uno de ellos.

—Sí, su colega está pidiendo dinero —le dije.

El comandante se retiró y otro de los oficiales llegó a preguntarnos por el dinero.

—¿Cuánto dinero piden? —le insistí.

—No. No estoy pidiendo dinero —dijo—. Solo es una ayuda para negociar.

Era increíblemente cínico. No les gustaba decir que estaban pidiendo dinero. Al final nos bajaron 1 720 pesos. Como sabe todo aquel que ha sido extorsionado por policías de tránsito en México, el soborno subió progresivamente. No aceptaron 200, ni 500, ni 1 000. Yo estuve bastante tiempo insistiendo, porque mi hermana se alteró mucho y Cristian no entendía bien la situación.

Cristian no es muy bueno para ciertas cosas, como una negociación de este tipo con policías corruptos. Pero a mí me sacaron 1 720 pesos. Entonces, estaba claro que yo tampoco era tan bueno. Cristian aún recuerda el monto exacto de la extorsión porque el policía nos pidió hasta un último billete de 20 pesos que vio en el recipiente junto a la palanca de velocidades. Era increíble que nos presionara hasta por las últimas migajas.

🚲 Trámites centroamericanos

La libramos y continuamos nuestro viaje sin que pasara nada significativo hasta llegar a la siguiente frontera. En Guatemala, Anaid se impresionó con lo que vimos. Y es que la frontera de Guatemala es impactante. Uno podría pensar que todas las fronteras siempre tratan de lucir su lado turístico, pero no. Al menos en la entrada de Guatemala no pasa eso. La frontera está sumamente descuidada.

Al momento de entrar, nos pidieron un documento que en ningún otro lugar nos habían pedido. En realidad ya estábamos advertidos, pero, cuando el tiempo se nos vino encima para iniciar el viaje, nunca logramos tramitar ese papel. Se trata de lo siguiente: cuando el coche no te pertenece, debes portar una carta del dueño que te autoriza a conducirlo, lo que en México llamamos *carta poder*. Pues bien, no traíamos esa carta.

Cristian y Anaid son personas muy movidas y dispuestas a solucionar problemas, así que me dijeron:

—Síguele tú. Nosotros después te alcanzamos.

Para esto, en Alaska habíamos comprado unas alforjas pequeñas para la bicicleta, por si se diera el caso de que tuviera que pedalear solo. Montamos estas maletas en la bicicleta y me dieron dinero para pagar un hostal en Guatemala, por si ellos no conseguían introducir el coche y seguirme. Antes de partir, Anaid me detuvo.

—¿Seguro que quieres seguir solo? —me preguntó.

—Sí. No te preocupes. Yo ya he viajado en bicicleta por Guatemala —le dije tratando de darle confianza.

A mi hermana le costó trabajo aceptar la idea y al fin seguí adelante. Unas cuatro horas después, Cristian me envió un mensaje en el cual me confirmaba que habían logrado introducir el coche en Gua-

Viejos viajes, nuevos viajes

temala. Me alcanzaron ese mismo día y pasamos la noche en un hostal. Ahí me explicaron cómo lo consiguieron.

En San Luis Potosí, mi papá tuvo que moverse rápido cuando se enteró de lo que nos había pasado. Fue corriendo con un notario público a tramitar la carta y mandó una copia por internet a Cristian y Anaid, quienes se la mostraron al oficial de la frontera. El hombre finalmente se apiadó de ellos.

—Ustedes necesitan el documento original para poder pasar —les dijo—. Yo voy a decir que la vi, cuando en realidad no. Nada más vi la copia virtual.

Más adelante, antes de llegar a El Salvador, recibimos la carta original a través de un servicio exprés de FedEx. Fue justo a tiempo porque nos la pidieron nuevamente en la aduana, ahora para entrar en El Salvador. Ahí nos dimos cuenta de que en todas las aduanas de Centroamérica íbamos a necesitar ese documento.

Pero, además de acreditar la propiedad del vehículo, había otra cosa peculiar en la frontera salvadoreña. En los pasos fronterizos de toda esa región siempre hay gente que cambia la moneda de cada país para poder usar su valor en el siguiente. Por ejemplo, quetzales de Guatemala a dólares estadounidenses en El Salvador.

Si llegas con pesos mexicanos a Guatemala es muy difícil cambiarlos. Los bancos son contados, así que conviene más cambiarlos en la frontera con estos tipos. En la frontera de El Salvador había tantos de estos cambiadores que nos sacamos de onda. De pronto se nos acercaron unos 10 de ellos. A mí no me acosaron, porque me vieron en bicicleta y creyeron que yo no estaba viajando, pero recuerdo que a Cristian lo tupieron como si fueran zombis. Quería seguir avanzando hacia la frontera, pero ellos insistían con una persistencia impresionante.

—¿Le cambiamos la moneda? ¿Le cambiamos la moneda? —gritaban.

Cristian debía avanzar muy despacio y aun así no pudo evitar casi atropellar a uno. El hombre tuvo que dar unos brinquitos hacia atrás y manoteó sobre el cofre. Finalmente, Cristian logró estacionar el carro. Ya estábamos haciendo el trámite y aún no nos quitábamos de encima a estos tipos, porque, además de cambiar divisas, también se especializan en apoyar con el papeleo de la aduana. Hay gente que acepta su ayuda y yo

101

nunca lo entendí, porque en realidad no hay mucha ciencia en el trámite. Solo muestras tu pasaporte y dices cuántos días vas a estar.

Estos tipos, a cambio de ayudar con los trámites, pedían dinero, por supuesto. Eran unos verdaderos acosadores. La gente de la aduana ya está acostumbrada a ellos, pero a mí se me hizo rarísimo que un desconocido te pudiera seguir en todo momento, revisando todo lo que uno hace.

Yo me quedé afuera de la oficina y le dejé mi pasaporte a Cristian. El ambiente se sentía algo pesado. Me daba la impresión de que estos tipos, tarde o temprano, podían sacar un arma y hacer el caldo gordo. Entonces, con mi mente viajera, yo solo me dedicaba a visualizar escenarios de seguridad.

"Si alguien tuviera un arma, aquí hay un guardia con una escopeta, así que no se animaría", pensaba.

Después noté que el guardia se hablaba de cuates con los otros tipos y se vino abajo mi sensación de seguridad. No sabía bien a bien cómo entender eso. Entonces se me ocurrió hablarles a los cambiadores.

—Oigan, ¿y qué tal está la seguridad por aquí?

—No, pos está bien —me respondieron.

—Pero, ¿qué onda con la Mara Salvatrucha y esas pandillas?

—Depende —contestó uno—. ¿A qué lugares vas?

—Aquí, aquí y acá.

Los tipos eran en realidad muy solidarios. No sé si esperaban dinero de mí, pero me informaron bastante sobre la zona y me dieron algunos consejos que me servirían para el resto del viaje.

—Aquí no te quedes, acá quédate, sigue hasta aquí —me decían—. Si vas a San Salvador, no pases por el centro. De ahí sí sales sin nada.

No sé si habíamos fraternizado lo suficiente, pero en un momento dado, uno de ellos dijo que los primos de otro colega eran maras. Luego se acercó el de los parientes pandilleros y empezó a decirme lugares.

—¿Y tú de dónde vienes? —me preguntó.

—De esta ruta de Guatemala.

—No, pues tú vienes de donde ellos están. Allá está lleno de maras, así que, si no te pasó nada, no tienes de qué preocuparte acá. La ruta que vas a tomar está muy tranquila. Solo no pases por el centro de San Salvador.

Dejamos la aduana y solo tardamos dos días para llegar ahí. El problema es que yo fui siguiendo la ruta que me marcó el navegador GPS y sin darme cuenta me metí en el centro histórico de la capital, justo por donde me habían dicho que no fuera. Es un lugar que me recordó mucho a Tepito, el barrio bravo de la Ciudad de México, solo que es un poquito más feíto.

No se me olvida que cuando pasaba por ahí me tuve que bajar de la bicicleta porque ya no se podía pedalear. Había demasiada gente. También iba por ahí una patrulla de policía abriéndose paso. Era una camioneta *pickup* y llevaba dos policías en la caja, atentos a la calle, observando bien a la gente que pasaba. Uno de los policías le hizo ademanes a su colega, señalando sus propios ojos y luego a la gente con los dos dedos, como pidiéndole que observara algo en particular.

"No manches, hasta a los policías les da miedo", pensé.

Entonces recordé que uno de los cambiadores en la frontera me dijo:

—La cosa estaba tranquila, pero hace poco se rompió un acuerdo que había entre los maras y la policía, porque antes había guerra entre ellos.

Supuse que los policías estaban tensos por eso. Sin embargo, a ninguno de los tres nos pasó nada malo en San Salvador.

Resentimiento futbolero

Seguimos por los demás países de Centroamérica. Honduras lo hice en un día, recuerdo. Ese día me desperté en El Salvador, atravesé Honduras y llegué a dormir a Nicaragua. ¡Tres países en un solo día! En mi paso por Honduras, los niños que me veían silbaban y me levantaban el pulgar, tal vez a manera de saludo. Pasó invariablemente durante los 150 kilómetros de ese trayecto con cada niño que veía, como si ya lo tuvieran ensayado de ver a tantos cicloviajeros. Es algo que no volví a ver en ningún otro país.

Al llegar a Nicaragua me pasó algo curioso. Estaba cruzando una zona industrial y justo a esa hora había ahí mucha gente en bicicleta. Y de repente un señor se me cerró, como si estuviera retándome con su bicicleta. Era un ciclista con ropa inusual. Supongo que salía del trabajo, porque aún portaba pantalón y bata de mezclilla, además de botas de casquillo. Luego siguió retándome, dejando claro que quería echar carreritas. Incluso volteaba hacia atrás como viéndome con actitud desafiante. Decidí rebasarlo y, efectivamente, después me volvió a pasar.

"Ja, qué gracioso", pensé.

Nunca en todo el camino había pedaleado al lado de alguien de esa manera. Ahí íbamos dos perfectos desconocidos echando carreritas, ambos en silencio. Convivimos a punta de rebases durante un buen rato hasta que llegué a un hostal.

Estuve casi tres días en Nicaragua y en ese tiempo siempre hubo gente en bicicleta que quería hacer carreras. Se me hizo algo muy raro. Vas pedaleando normal y de repente algún chavo que va saliendo de la escuela o un trabajador se te cierra. Creo que te ven con el *jersey* y se consideran con las posibilidades de ganarte. No sé si lo sospechen, pero uno desayuna, come y cena ciclismo, pero aun así siempre se sienten capaces de ganarte. Se me cerraban, yo les daba chance un rato. Más tarde los rebasaba. Me gustaba rebasarlos lento y que ellos se esforzaban mucho en seguir el paso. Luego me seguía.

Transcurrimos en paz todo el territorio costarricense hasta llegar a Panamá. Llegué unos 15 minutos antes que Cristian y Anaid a la frontera. Aproveché y empecé aquella rutina de formarme en la sección de los pasaportes, llenar los formatos y, al momento de revisarlos, uno me pedía algo raro. No recuerdo bien qué, solo me estaban viendo la cara de tonto. Me decía que fuera a tal ventanilla y ahí solicitara un papel. Cuando llegué a la otra ventanilla, la persona que atendía me dijo que no, que para pedir ese papel necesitaba otro papel y que ese me lo daban justo en la ventanilla donde me había formado primero.

En eso estaba cuando llegaron Cristian y Anaid, y el oficial se dio cuenta de eso.

—¿Vienes con ellos? Ah, entonces haz tus papeles junto con ellos —me dijo.

—Sí, pero yo vengo aparte en bicicleta.

—¿Pero eres familiar de ellos? —insistió.

—Sí.

—Entonces hazlo junto con ellos.

—Ah, ok.

Y me volví a formar en la fila donde ya me había formado, ahora con Anaid y Cristian. Nos volvieron a pedir ese papel que ya me habían solicitado en la otra sección.

—Oiga, señor, yo ya fui ahí y me dijeron que debía arreglar eso con usted —le dije algo desesperado.

—No, no. Pero es que ahora están ustedes tres juntos.

No sé ni cómo describir ese momento, porque solo nos traían como tontos. Al formarnos en la otra ventanilla, nuevamente volvieron a decirnos que no, que ese papel no me lo entregaban hasta que me sellaran otra cosa. Fue todo confuso. Nosotros no entendíamos lo que estábamos haciendo. Nos formábamos en las filas que nos pedían y seguíamos las indicaciones que nos daban ellos, muy enojados. Así seguimos hasta que Anaid se encabronó y fue con el vato de la primera ventanilla.

—A ver, señor, usted nos dice que vayamos allá y regresemos. ¡Ya decídanse!

Entonces el tipo se mostró más comprensivo.

—Ya. A ver —dijo—. Hay que checar bien las cosas. Ustedes se están confundiendo. Denme los pasaportes y llenen estos formatos.

El oficial nos entregó otros formatos que no sé qué tenían de diferente a los que llenamos primero. De repente ya teníamos todo resuelto. ¡Cuál ir a la otra ventanilla! No se necesitaba. Simplemente el tipo estaba jugando con nosotros.

Por último nos checaron a nosotros, cosa que a nadie más le hicieron, con todo y que la aduana estaba llena. En ese momento llevaba en la bicicleta una mochilita de las que compré en Alaska, porque ese día Cristian y Anaid me dejaron un rato solo. Traía también comida y refacciones en la bicicleta. Pues me revisaron todo eso, además de la maleta de Anaid, otra mochila grande de ella que estaba en el coche y también la cajuela del carro. En fin, nos dimos cuenta de que estábamos siendo tratados de forma VIP.

—A ustedes no les caen bien los mexicanos, ¿verdad? —le preguntó Anaid al tipo que revisaba su maleta

No sé qué tanto en broma y qué tanto en verdad, pero el oficial contestó:

—¡No, pues cómo nos van a caer bien! Si ustedes nos robaron un gol en la Copa América.

Nosotros nos mirábamos desconcertados, tratando de entender la broma o dónde estaba la cámara escondida.

—¿Pero por qué dice eso? —preguntó el oficial.

—Es que tus compañeros de los papeles no nos trataron bien —explicó Anaid.

—Es que aquí todos somos muy fans del futbol y sí tenemos resentimiento contra los mexicanos —insistió él.

Nosotros, esperando en silencio, no podíamos creerlo. Nos revisaron como delincuentes y tardaron cinco horas para dejarnos cruzar esa frontera, cosa que ni en Estados Unidos.

CAPÍTULO 3
🍶 No quiero que te desanimes

Tras la adversidad en la aduana, cruzamos Panamá hasta llegar a la capital. Era un momento crucial. Cristian ya nos había prevenido con varios días de anticipación de lo que podía pasar.

Desde antes de empezar el viaje, Cristian había contactado a un servicio de ferri que cruza de la costa de Panamá a Cartagena, ya que el Récord Guinness permite hacer este recorrido por el Tapón del Darién, una zona de jungla donde ya no existe carretera. El boleto era algo caro, no recuerdo cuánto, pero a fin de cuentas era asequible para nosotros. Sin embargo, el personal de la empresa le informó a Cristian que era muy probable que para cuando nosotros llegáramos, ellos ya no estarían en servicio. Habían sido informados de que deberían cerrar, pues la gente de las aerolíneas consideraba que el trasbordador les estaba haciendo competencia y se juntaron para presionar por su cierre.

Lo más importante de este transporte es que en él uno podía cruzar también con el carro y salía bastante más barato. El plan era que yo tomaría un avión desde Ciudad de Panamá hasta Cartagena, mientras Cristian y Anaid cruzaban por ferri. Luego nos reencontraríamos los tres en alguna parte de Colombia.

El cierre del trasbordador probablemente no iba a ocurrir. De todas formas, habíamos comprado en Alaska las maletas especiales de mi bicicleta, en caso de que yo tuviera que continuar solo, sin vehículo de apoyo.

Pues finalmente llegábamos a Ciudad de Panamá. Cristian había comprado con anticipación mi boleto de avión y había dejado un día de colchón para mi salida, por si hubiera cualquier problema que nos retrasara en el camino. Llegamos al aeropuerto y todos los lugares alrededor eran muy caros, entonces decidimos pasar la noche en el estacionamiento.

Ahí, antes de dormir, estábamos preparando nuestras cosas. Entonces Cristian me dijo:

—Ya hablé con los del ferri y me dijeron que Anaid y yo no vamos a poder cruzar con el coche. Tú vas a tener que seguir solo.

Era una noticia triste y muy preocupante, pero Cristian, como siempre, la acompañó de optimismo y me recordó que para este caso habíamos comprado las maletas de la bicicleta, para que la noticia no nos tomara desprevenidos y yo pudiera seguir adelante.

Anaid me habló después, cuando Cristian no estaba.

—Échale muchas ganas —me dijo—. Cristian y yo pusimos todo lo que pudimos para que estuvieras en tiempo, y ahora estás con un itinerario en el que seguro vas a romper ese récord. Quizá la gente no sabe lo que hemos pasado, Carlos, pero nosotros lo sabemos y por eso no quiero que te desanimes. No quiero que solo recorras este continente. No. Quiero que lo hagas en tiempo récord.

Mi hermana me explicó que había considerado con Cristian varias opciones que les permitieran seguir acompáñandome. El plan más platicado era rentar una motoneta y, aunque no podrían cargar muchas de mis cosas, al menos seguirían detrás de mí.

Cristian y Anaid continuaron dándome ánimo mientras empacábamos mi bicicleta en su caja original, que había estado guardada en la cajuela del carro desde que la compramos en Canadá.

También metimos todo mi equipaje en la caja. Eso estábamos haciendo en el estacionamiento cuando llegó una vigilante.

—¿Qué están haciendo aquí? —nos preguntó de forma bastante grosera—. Esto no puede hacerse aquí. Por favor retírense, háganlo en el hotel.

—Es que no tenemos hotel. Estamos viajando en la carretera —respondimos.

—Pues no es mi culpa.

Hay muchas formas de decir las cosas y esta señora eligió tal vez la más irrespetuosa. Quizás era cierto que seguía un protocolo de seguridad o algo así, pero pudo haberlo pedido de otra manera. Nosotros nos hicimos los sordos y seguimos empaquetando la bicicleta, desarmándola en friega y metiéndola en la caja. Era bien difícil ese procedimiento.

En eso llegó un supervisor, que estaba más calmado.

—Nosotros no permitimos hacer eso aquí, pero bueno —dijo.

Nos dio chance de que termináramos. Cristian metió todas mis refacciones y mi ropa, y quedó lista la caja. Al momento de entrar en el aeropuerto y querer documentar, también nos pusieron peros. Nos alegaban que la caja era muy grande.

—Es que es una bicicleta —traté de explicar.

—Pero para subir una bicicleta en caja se necesita un permiso —me respondió la empleada de la aerolínea.

Nos estaban haciendo mucho escándalo. No recuerdo todo lo que nos decían. Yo estaba muy nervioso y no puse mucha atención, solo recuerdo el bullicio.

Después de mucho discutir, logré subirme al avión y documentar mi bicicleta con todo y caja.

Telenovela mexicana

Mientras yo surcaba el cielo rumbo a Cartagena, Cristian y Anaid vivieron otra aventura de viaje, de esas que uno desearía que nunca hubieran sucedido.

Si uno entra con su coche a Panamá, recibe un permiso de estancia por 30 días. Pero, si se pasa de ese plazo, el coche debe quedarse en el país. Imagino que es una medida en contra del contrabando de vehículos. Cristian y Anaid obviamente tenían pensado regresar por el coche, el problema es que pensaban hacerlo mucho después de los 30 días que les daban las autoridades panameñas.

Después de ese plazo, además de no poder sacar el coche, Anaid y Cristian también tendrían que pagar una multa de 500 dólares cada uno.

Después de tres días de drama tratando de solucionar el asunto, ellos prefirieron viajar. Ya luego verían cómo solucionar el problema. Para ellos lo importante era volar tras de mí a Colombia. Compraron boletos para volar a Medellín y el auto lo dejaron en un estacionamiento al lado del aeropuerto, pagando seis dólares por día.

Su plan era acompañarme en autobuses a lo largo de toda Sudamérica, hasta llegar a Ushuaia. La idea era vernos solo en algunos sitios. Ellos sabían que para mí era muy importante desde el punto de vista mental. Se estaban esforzando en hacerme saber que no me habían dejado solo y que seguíamos juntos los tres, solo que ahora de manera distinta.

Unos 70 días después, una vez que habíamos conquistado el Récord Guinness, Cristian y Anaid regresaron a Panamá a rescatar el carro de mis papás, pero no fue nada fácil.

Cristian es una persona muy calmada y Anaid es su *alter ego* ruidoso. Quizá él arregla las cosas de una forma más técnica y razonable, pero Anaid lo hace por la vía escandalosa y persuasiva, con más labia.

Para salir de Panamá, intentaron hacer las cosas de la manera técnica, con Cristian revisando una y otra vez los papeles y tratando de lograr un acuerdo con los oficiales de migración. No lo lograron.

—Ahora déjame a mí —dijo entonces Anaid.

Cristian no tenía la más mínima idea de lo que haría ella. No había manera de que se lo esperara. Anaid le explicó al personal de la aduana que su hermano había recorrido el continente completo, hasta Ushuaia, en bicicleta, y que ellos eran su equipo de apoyo.

Los oficiales incluso se acordaron de mí por el problema que yo había tenido para cruzar con la caja de la bicicleta, pero aun así se negaron a otorgar la autorización para la salida del carro.

Anaid entonces empezó a llorar y montó toda una trama digna de telenovela mexicana. Les dijo a los oficiales que yo tenía cáncer —por supuesto que no lo tenía—, que el doctor nos había dicho que después de este viaje yo iba a morir y que mi último deseo era recorrer el continente americano en bicicleta. Les imploró que los dejaran cruzar porque solo habían querido estar conmigo en esos últimos días.

Después de la representación teatral de Anaid, algo se ablandó en el corazón de los oficiales panameños, de manera que autorizaron sacar el carro del país (algo muy grave desde el punto de vista aduanero) sin pagar ninguna multa, ni siquiera los 1 000 dólares que Anaid y Cristian debían tras el vencimiento de su propio permiso de estancia.

Lo que vivieron Cristian y Anaid en Panamá fue tan duro que él lo recuerda como el tercer gran obstáculo que enfrentamos en la conquista del Guinness.

Sé que es algo fuerte y no podemos tomar el drama del cáncer como una broma ligera. Tuve un primo que murió de esta enfermedad y sé lo que pasa en las familias, pero en situaciones desesperadas como esta quizá todo está permitido.

Hacer todo solo

A cientos de kilómetros de ahí, yo había llegado solo a Colombia. Llegué muy aturdido y consciente de que mi historia cambiaría, porque Cristian y Anaid habían dejado el coche en Panamá.

Había sido muy apresurado el momento en que nos dijimos adiós. Yo entonces tenía como tres días de no haberme bañado y fue chistoso, porque me subí con prendas muy gastadas al avión. De hecho, los zapatos que traía eran de ciclismo, con un metal abajo, y mi apariencia atraía la mirada preocupada de varios pasajeros. Debieron pensar que yo estaba perdido o loco.

Sentí la ausencia de Cristian y Anaid desde el primer instante después de bajar del avión. Y no es que estuviera deprimido o me sintiera solo, simplemente rechacé la ayuda de las personas que se dedican a cargar las maletas. Bajé de la banda giratoria la caja de mi bicicleta y la llevé arrastrando afuera del aeropuerto. Ya en la calle me enfrenté con la cruda realidad.

"Ay, no tengo a Cristian ni a Anaid", pensé.

Ahí estaba yo solo con una caja enorme, pero no quise pedir ayuda a nadie porque había advertido que el hostal donde iba a quedarme estaba relativamente cerca de ahí, así que seguí arrastrando mi caja hasta llegar al hostal. Una vez ahí fue incómoda la situación, porque la caja era muy grande y llamaba mucho la atención.

En el hostal me alegaron que no podía meter esa cajota. Y todo eso fue mucho más incómodo porque estaba solo.

"¿Por qué debo estar haciendo estas cosas solo?", pensaba.

111

Son cosas banales, lo sé. Pero, cuando estás rompiendo un récord, cualquier cosita de este tipo se siente muy incómoda. Cuando llegué al cuarto, empecé a imaginar todo lo que debía hacer sin compañía. Eso me fastidió aún más. En mi cabeza todavía resonaban las palabras de mi hermana cuando nos despedimos:

—Carlos, hicimos todo lo que se pudo.

Me conmoví al pensar en el gran esfuerzo que habían hecho Cristian y Anaid. Yo los conozco bien y sabía cuáles eran sus límites. Sé que ninguno de los dos estaba preparado para romper un Récord Guinness, entonces me conmovía pensar que con sus limitadas capacidades para ello le habían entrado a una aventura de ciclismo tan alocada.

Por supuesto, no dejé de tener contacto con ellos, pero había días en los cuales ya no nos escribíamos debido a la rutina de cada uno, aunque ellos en ningún momento dejaron de saber mi ubicación gracias al GPS. Ellos sabían que todo estaba en los parámetros normales si veían moviéndose el puntito de mi ubicación.

Tengo que decirlo: de repente Cristian me escribía mensajes de: "¿Sigues vivo? ¿Sigues pedaleando?".

En el hostal de Cartagena, lo que debía resolver eran los asuntos prácticos, tácticos y técnicos. Estaba parado en la recepción con mi cajota y tratando de convencer a los recepcionistas de que eso no causaría problemas.

—No puedes entrar con esa cajota. No puedes traer tanto —me decían.

—No, solo es una bicicleta, pero la caja es la que impresiona —traté de explicarles—. Al rato la desempaco y verán que en realidad es una cosa pequeña.

Me tardé algo de tiempo en armar solo mi bicicleta. Ya eran como las cuatro de la tarde. En cuanto terminé salí a estirar las piernas y aproveché para comer. Más tarde llevé mi bicicleta a cambiarle la cadena, porque ya le tocaba. En todo ese tiempo me dieron las ocho de la noche. Entonces decidí ponerle a la bici las maletas pequeñas que habíamos comprado en Alaska y prepararme para salir al día siguiente a primera hora.

La noche se me complicó cuando vi todo lo que debía meter en mis pequeñas alforjas. Eran dos o tres cambios de ropa, unas 10 cámaras para las llantas, los parches, dos botes de lubricante para la cadena, dos cadenas extra y cuatro pares de calcetines. Me di cuenta de inmediato de que no cabía todo y, aunque cupiera, no lo metería todo porque la bicicleta pesaría mucho.

Ser loco para ser cuerdo

Cuando eres ciclista te haces supersensible a detalles que uno en su vida cotidiana ignora, como la elevación y el peso. Cuando vas caminando en la calle, por ejemplo, no le prestas tanta atención a qué tan inclinada está. Pero, cuando eres ciclista, es un asunto mayor. Y después se te queda la costumbre de pensar cuando vas caminando por la calle: "Aquí pesaría mucho", y a veces incluso en las calles que a la gente regular le parecen planas. Pero tú las analizas como ciclista, incluyendo factores como si están inclinadas, si hay viento y cuánto afectaría eso.

El peso es muy importante. Yo en el viaje podía percibir las variaciones de peso en mi bicicleta hasta cuando cambiábamos las cubiertas de las llantas —la capa de hule grueso que cubre la cámara de aire— por unas más pesadas. En verdad se siente mucho al momento de pedalear, aunque la diferencia sea mínima.

—Uta, las pasadas estaban más ligeras —me quejaba.

Y Cristian y Anaid se enojaban, porque solo eran unos 100 gramos más o algo así, pero de todas maneras lo sentía. Entonces, en Cartagena, cuando empecé a meter las cosas en las maletitas, me horroricé al sentir que les había metido unos siete kilos.

"No, esto no se puede", me dije.

Saqué algunas prendas, entre ellas un pantalón térmico. También saqué tres cámaras de llanta y solo me quedé con siete. Luego saqué un par de calcetines, y listo. Miré mi bicicleta y la cargué de nuevo. Claro que pesaba menos, pero me dije: "No, esto está demasiado loco".

Eran como las nueve de la noche. Me sentía muy cansado y preferí irme a dormir. Olvidar todo ese problema. Al día siguiente me levan-

113

té muy temprano, casi a las cuatro de la mañana, cuando en realidad ese día debía levantarme a las seis. Fui a mi bicicleta, me subí en ella y comprendí que era una locura, pesaba demasiado. Recordé cuánto me quejaba por rodar con las cubiertas nuevas que pesaban más y se me hizo absurdo enfrentarme con una bicicleta retacada de cosas.

Entonces tuve que empezar a pensar de una forma distinta. Alguna vez leí en alguna parte esta frase: "Para ser muy loco, hay que ser muy cuerdo". Y creo que ese día tuve que pensar con esa cordura muy loca.

Decidí sacar toda la ropa de mis maletas. Con la única ropa que me quedaría era con la que traía puesta, porque no estaba dispuesto a cargar nada más.

"¿Qué necesito para avanzar? —pensé—. ¿Qué necesito para que la bicicleta se siga moviendo? ¿Más ropa? No. ¿Cambios de *jerseys*? Pues no".

Entonces, decidí dejar mis *jerseys*, dos camisas y un short. Creo que sí se fue un buen dinero ahí. Entre todo eso creo que dejé más de 6 000 pesos abandonados en el hostal. De las cámaras, ya había sacado tres; decidí quedarme solo con dos. Traía dos botes de lubricante y solo me llevé uno.

Los calcetines son importantísimos para evitar infecciones en los pies. Entonces decidí quedarme solo con un par extra y tratar de usar tres días un par y tres días el otro para después buscar dónde lavarlos.

En las maletas metí también un impermeable para el torso. Me quedé con dos cámaras, un convertidor de válvula tipo Presta a válvula americana. Guardé también mi cámara Action Cam para grabar algunas partes, además del soporte para sujetarla a la bicicleta. Asimismo me quedé con un cable para el cambio de velocidades de la bici, una refacción, espátulas para cambiar la cámara de las llantas. Además me quedé con un líquido antiponchaduras, mi pasaporte, parches para la bicicleta y su debido pegamento. Finalmente guardé unos boxers, previendo que me iba a deshacer de toda mi ropa y cuando me diera la noche no iba a dormir desnudo.

Lo que traía puesto era mi *jersey*, un short, una playera, un par de calcetines, los zapatos, el casco y los lentes de sol. Aparte llevaba dos tarjetas bancarias, mi celular, el cargador, mis audífonos, la bomba de aire de la bicicleta, mis dos botellas de agua y basta.

Ese era el *kit* para cruzar de Colombia a Argentina en bicicleta. Ese era el secreto. Había tomado una decisión muy drástica, pero no la tomé a lo tonto. Era algo muy loco, pero debía ir ligero.

En esos días también había revisado el pronóstico de las temperaturas y sabía que no era tan mala idea viajar sin chamarra. Aparte, recordé mi primer viaje a Guatemala y Belice, cuando lo único que llevaba puesto era una de esas sudaderas *hippies* que venden en el sur de México, hechas como de jerga de colores. La compré solo porque en San Cristóbal de las Casas hacía frío, pero de hecho había viajado desde San Luis Potosí hasta ahí sin chamarra.

"Si en ese viaje avancé tanto sin chamarra y el clima ahora está como en Colombia, yo creo que ahora también puedo avanzar así", pensé.

Solo me quedé con mi impermeable. Y efectivamente, lograría avanzar por todo Sudamérica sin sentir frío hasta llegar a Argentina, donde el termómetro me recibiría bastante bajo y optaría por comprar un conjunto térmico que me cubriera prácticamente todo el cuerpo.

¡Viva México, cabrones!

Salí temprano del hostal en Cartagena. Debí haber salido muy temprano, porque me había levantado a las cuatro de la mañana y pude sacar las cosas de mis alforjas. Entonces, creo que empecé mi jornada a las cinco de la mañana. Ese día tenía que empezar a tomar rumbo a Medellín.

Cuando tenía a Cristian todo era más fácil, porque él me decía más o menos por dónde ir. Pero, sin su ayuda, solo tenía mi GPS. Definitivamente prefería a Cristian porque él me decía qué hacer y, en cambio, al GPS tenía que consultarlo a cada rato.

Había muchas calles en Cartagena y yo ya me había hecho pelotas con el localizador satelital. Entonces lo guardé y decidí preguntarle a alguien. Había un taxista parado al lado de su vehículo, como esperando pasajeros.

—Disculpe, ¿cuál es la carretera que me lleva hasta Medellín? —le pregunté.

—Tomas esta, la que va hacia tal lugar, y te sigues sobre esa —me respondió.

—Gracias, gracias.

—Pero, ¿te vas a ir en bicicleta? —preguntó con algo de ironía.

—Sí, me voy a ir en bicicleta —contesté lo más natural que pude.

El taxista de la nada empezó a carcajearse. Mi viaje, al parecer, era para él algo muy gracioso. Pero de repente esa risa se tornó en una burla muy fea.

—¡Ah, qué gracioso sos! —me decía.

A mí no me hizo nada de gracia su tonito burlón, así que decidí responderle.

—En realidad, vengo de mucho más lejos con esta bicicleta —le dije—. Vengo desde México.

—¿Cómo así? ¡Cómo que desde México! —expresó algo más serio—. Pero tenés idea de cómo es Colombia. Yo creo que todo lo que recorriste es plano, pero Colombia tiene alturas grandísimas. Ja ja, no vas a llegar. En la primera subida verás que no vas a poder.

Yo comúnmente me reservo lo que estoy haciendo por seguridad y porque no me gusta ser presumido, pero este tipo me había irritado y decidí contarle.

—Vengo desde Alaska en bicicleta y ya experimenté cualquier tipo de terreno.

La verdad es que Colombia sí era un terreno diferente, con altimetrías muy pronunciadas. Grandes subidas y bajadas, pero en ese momento yo no sabía lo que se sentiría enfrentarlas. Sin embargo, lo que dije bastó para impresionar al taxista.

—¿Desde Alaska? —me preguntó sorprendido—. ¿Arriba de Canadá? ¿Hasta arriba donde empieza el continente?

—Sí, desde allá —contesté.

—¿Y pasaste por Estados Unidos y Canadá, y estos países como Guatemala y...? —no se sabía el nombre de más países centroamericanos—. No habrás cogido un avión allí para saltarte esos países del centro, ¿cierto? ¿En serio pasaste por allí?

—Sí, los pasé —le dije serio y convencido.

—No, no, no. Qué berraco. ¡Qué berraco! —empezó a exclamar el hombre con un acento muy, muy colombiano.

El taxista entonces empezó a aplaudir y a gritar de forma bastante escandalosa.

—¡Viva México, cabrones! ¡Viva México! —gritaba.

La gente pasaba y seguro se preguntaba qué le pasaba a ese loco. Yo en cambio me sentía bien, porque ya hacía mucho tiempo que nadie me aplaudía. ¡Cómo no me iba a caer bien, si era un maldito fantasma pedaleando! ¿A quién demonios le podía interesar? Había salido de México con un subibaja de atención, primero por el bullicio que armó la televisora y luego por mi pedaleo a solas. Y creo que, a veces, a cualquier ser humano le gustan los aplausos.

—¡Viva México, cabrones! —seguía gritando el taxista.

No recuerdo qué cara puse, porque sí me daba pena estar al lado de un tipo que decía groserías y gritaba enloquecido.

—La palabra *cabrón* no es grosería, ¿cierto? —me preguntó de repente—. Es como *muy bien*, como felicitaciones, ¿cierto?

—En el contexto que me lo dice, sí —respondí—. Pero también es grosería.

—Ah, ok, pero en este contexto entonces está bien, ¿cierto? ¡Viva México, cabrones! ¡Viva México! —siguió gritando y aplaudiendo—. No, no, impresionante. Lo que hacés es algo grandísimo. Vos no sabés, es increíble. ¡Sos grande!

El hombre había pasado en cinco minutos de ningunearme absolutamente a alabarme de más.

—Debe estar todo plano por allá, ¿cierto? —me preguntó refiriéndose a Norteamérica.

—No, Alaska tiene sus alturas —respondí.

Yo ya había checado las alturas de Colombia. A diferencia de otros lugares, las alturas en Colombia sí se sienten y mucho. Es curioso porque ahí con las alturas van cambiando también la temperatura y hasta la vegetación.

—Es que los seleccionados nacionales y los deportistas profesionales de aquí batallan para subir. Y tú venís ahí todo cargado. Debe de estar increíble verte. ¡Cómo me hubiera gustado pasar por ahí y verte subiendo esa montaña!

—Gracias, señor. Gracias —le dije.

Entonces empezó a describirme a detalle la ruta que debía seguir para avanzar hacia el sur del continente, pasando primero por Medellín.

—Vas a pasar por tal pueblo y tal otro. De ahí son tantos kilómetros —me decía—. Ahí dan rico de comer. Sigues y luego va a haber una bajadita.

Entre esos detalles, me advirtió que habría una subida antes de llegar a Medellín y que, poco después, todo el resto del camino iría en bajada. Pero no se limitó a Medellín y siguió con lo que venía luego.

—Te sigues rumbo a Pasto. Ahí te vas a encontrar la segunda subida —me explicó. Pasto también es muy difícil, porque tenés que subir y después viene una bajada. Ya luego no conozco.

Sus indicaciones eran tan detalladas que me orientaron durante el resto de mi recorrido en Colombia. Me despedí y empecé a pedalear. Pronto llegaría a Medellín, siguiendo tal cual las instrucciones del taxista.

👓 Lecciones de Colombia

Cuando subía la pendiente que está antes de Medellín, vi algo que nunca se me va a olvidar. Las variaciones del clima en el camino eran increíbles. Va cambiando la flora e incluso llegué a un punto en la cima donde solo había neblina y era de la que mojaba.

A mitad de esa subida, que dura como cinco o seis horas, compré agua. Me atendió una viejita que me hizo una advertencia.

—¿Venís en bicicleta? —dijo ella—. Ten mucho cuidado, acaban de atropellar a alguien. Ahora el camino es todo recto, pero cuando veas una curva muy pronunciada a la derecha, ahí es donde lo atropellaron.

Otra señora que pasaba por ahí y alcanzó a escucharnos se involucró en la conversación de la manera típica en que ocurre fuera de las ciudades.

—Sí, era pintor. Era el pintor de nuestra ciudad —dijo.

No recuerdo qué lugar era, pero le decían ciudad. Comparado con México, creo que era como un pueblito, porque era muy chiquito.

Compré mi agua y seguí pedaleando. Pasó como una hora y media antes llegar al punto que me había descrito la señora.

"Aquí viene esa curva muy pronunciada a la derecha —me dije—. Aquí debe de ser donde lo atropellaron".

La señora solo había dicho "atropellado", pero al acercarme vi a lo lejos una gran mancha roja que abarcaba todo un carril. No sé cuánto mide un carril en esa carretera, pero la sangre lo abarcaba completamente.

"¿Acaso eso es sangre?", me pregunté al pasar, aún incrédulo.

Cuando miré bien, pensé que definitivamente era la curva de la cual me habían hablado y que el hombre a quien atropellaron no pudo haber sobrevivido a eso. Recuerdo que mis llantas pasaron sobre esa mancha. La sangre ya estaba seca y me sorprendió la cantidad. Yo nunca, ni siquiera en internet, había visto algo tan grotesco.

"Tuvo que explotar el cuerpo de esta persona", pensé.

Luego la escena se quedó por mucho tiempo repitiéndose en mi cabeza. ¿Qué hubiera pasado si yo ese día me hubiera levantado una hora o dos más temprano? ¿Me hubiera tocado a mí que me atropellaran? No paraba de pensar en eso.

"¿Qué diferencia había entre el cuate que se murió y yo?", me preguntaba.

Ese cuate venía en motocicleta, pero también a mí me pudo haber tocado. Son cosas que no pueden evitarse y cuando te toca, te toca.

Al fin llegué a Medellín y lo primero que noté fue una cantidad impresionante de ciclistas. En general, en Colombia, a diario me encontraba ciclistas que andaban en *jersey* y con equipamiento. Todos los días, mínimo uno, en la ruta que fuera. Eso no llegó a pasar en ningún otro país. Es decir, encontrarse con el ciclismo como deporte, no solo como medio de transporte.

Desde unos 100 kilómetros antes de llegar a Medellín ya había ciclistas que iban de ida o de vuelta. Eso me impresionó mucho.

En Medellín me enfrenté de nuevo con el fastidio de cruzar una ciudad grande. Noté que había una carretera que atravesaba casi toda la urbe, así que la seguí y en ese transcurso me le pegué a un ciclista. Procuro acercarme a ellos porque así voy viendo cómo se van moviendo, qué atajos usan y si cruzan la ciudad como yo.

El ciclista conducía en la ciudad de la misma forma que yo: entre los carros.

—Oye, ¿a dónde vas? —le pregunté rodando en paralelo con él.

—A tal punto —me contestó.

—¿Cómo salgo de aquí? Es que no soy de Medellín. Vengo desde muy lejos.

—Ah, ok.

Él seguía muy concentrado en su pedaleo.

—Pues, si querés, yo te puedo sacar de aquí —dijo entonces.

—Ah, sí. Va.

Lo seguí detrás, pero a él se le iba la onda de que yo traía maletas y solo podía pedalear, máximo, a 38 o 40 kilómetros por hora. Él traía un ritmo de competición. Yo iba desesperado tratando de que no nos despegáramos.

"¡Ah, maldito! Bueno, quizá no sabe lo que mi bicicleta pesa", pensaba.

Creo que de pronto se acordó de mí, porque bajó su velocidad, se colocó a mi lado y me preguntó:

—¿De dónde venís?

En el trayecto le fui contando mi historia y poco tiempo después, gracias a él, logré salir de la ciudad. Más adelante me buscó en Facebook y le dio *like* a mi *fan page*. De hecho, aún me da *likes* y comenta ocasionalmente en la página.

Después de Medellín, ya no hay ciudades. Eran pueblitos chiquitos y en ellos no solía haber hostales. Me quedaba en moteles con instalaciones muy precarias, donde todo lo que había era una cama. Por fortuna, encontré un hostal en uno de esos pueblos. Aún no lavaba mi ropa y ya llevaba como una semana en Colombia.

En ese lugar me senté a comer y una señora me hizo plática. Yo llevaba varios días sin hablar con nadie; entonces empezaron a salirme las palabras a borbotones. Hablaba como loco y ella escuchaba, y con más razón porque traía aventura qué contar. Le dije lo que estaba haciendo y ella también comenzó a platicarme un poco de su vida. Resultó que la señora con quien estaba hablando era la dueña del hostal.

Luego, me retiré a mi cuarto, me quedé descansando y al poco rato tocaron a la puerta.

—Niño, soy la señora con la que estaba platicando —me dijo—. Fíjese que en la oficina tenemos una lavadora. Puede dejar su ropa ahí para que se la lave.

Yo me acerqué a la puerta y le recordé que, por las circunstancias de mi viaje, mi única ropa era la que traía puesta.

—Ah, sí es cierto —me dijo.

—Para lavar mi ropa, tendría que quitármela y me va a ver desnudo —le expliqué.

—Es verdad. Bueno, niño —no sé por qué me decía *niño*—. ¿Trae una bolsa?

—Sí, sí traigo.

—Pues ahí póngala y me la pasa por la puerta.

Me quité el *jersey* y lo puse en una bolsa. Aproveché también para poner el único bóxer que llevaba y los dos pares de calcetines. Al momento de abrir, la señora empujó la puerta con demasiada fuerza y me ciscó. Entonces, yo di como un brinquito hacia atrás. Ahí me quedé mirándola, con toda mi humanidad al aire. Ella dio un pequeño grito cuando se dio cuenta de que puso demasiada fuerza sobre la puerta.

—Ah, señora... tenga —le dije, algo nervioso.

Cerré rápido la puerta, porque sentí como un acoso.

—Ahora vuelvo —dijo ella.

Volví a la cama y me quedé viendo la tele solo con la toalla encima. Pasaron 40 minutos y volvieron a llamar a la puerta.

—Niño, ya traigo su ropa —anunció la señora.

Al momento de abrir, la señora volvió a empujar la puerta, pero ahora con más fuerza. Lo peor es que ahora venía acompañada. Nuevamente, echó un grito sofocado de sorpresa al abrir con demasiada fuerza. Esta vez tomé la ropa y me disponía a cerrar lo más rápido posible, cuando ella empujó otra vez la puerta solo para decirme:

—La pones al lado del aire acondicionado para que se seque más rápido.

—Sí, ajá —dije, y cerré.

Esa lavada había sido cómica, pero empezar el día siguiente duchado y con ropa limpia fue algo invaluable.

⚲ Cómo pedalear con diarrea

Llegué a una pequeña ciudad que se llamaba La Virginia y, debido al estrés de viajar solo, no podía dormir. Despertaba frecuentemente por las noches, así que al día siguiente fui a una droguería —así les llaman a las farmacias —y pregunté por pastillas para dormir.

—Tenemos estas. ¿Cuántas necesitas? —inquirió el hombre a cargo.

Yo no supe responder, porque estoy acostumbrado a comprar la medicina por cajas, así que el hombre intervino.

—Bueno, llévate unas cinco —dijo-, te recomiendo que tomes una cada noche y para el quinto día ya no vas a tener insomnio.

Ese día me quedé en un hostal. Al llegar a la habitación, sentía un insomnio enorme. Era tan intenso que decidí tomar dos pastillas en lugar de una diaria como me lo había recomendado el encargado de la droguería. Mal hecho. Al día siguiente me sentía superdébil, como si estuviera intoxicado. No me dolía nada, pero estaba mareado: sentía que el suelo se me movía.

Cuando al fin pude levantarme, logré ver el reloj y eran las 11 de la mañana. En esos días me estaba levantando a las ocho de la mañana. Entonces pensé: "¡Ya se me hizo tarde!".

Ese día debía pedalear 200 kilómetros, ya que uno de los días previos había hecho solo 140 porque enfrenté una dura subida. Tenía entonces que promediar mis días para no bajar el ritmo de avance.

"Ya no logré hacer 200 hoy. ¡Otra vez voy a hacer 140!", me reclamé.

En ese día, además, debía aprovechar, porque era un trayecto plano. Me subí aún mareado a la bicicleta, comencé y poco tiempo después encontré un local que anunciaba "tamales colombianos", que en realidad eran idénticos a los que en México se envuelven en hoja de plátano, solo que rellenos de carne de puerco. Compré uno, lo comí y, no sé si haya sido por la grasa, pero logré aumentar mi velocidad a

19 kilómetros por hora, dos más que los 17 que llevaba esa mañana a causa de mi debilidad y mi mareo. De cualquier modo, era algo muy por debajo de mis habituales 25 kilómetros por hora.

Empecé a recuperarme y subí a 20. Llegué entonces a un punto del camino donde se anunciaban viñedos y dulce de uva. En el lugar había muchos traileros detenidos. Eso llamó mi atención y también me detuve. Noté que los conductores pedían algo en particular: un vaso de jugo de uva. Yo aún tenía suficiente agua, pero quería probar algo dulce para ver si me quitaba el adormecimiento que todavía llevaba en el cuerpo por las pastillas.

Me daba curiosidad que los traileros bebían el jugo de uva como si fuera un *shot* de una bebida energizante. Entonces, pedí un vaso. En cuanto lo tuve en mis manos noté que era puramente uva licuada sin diluir. Me lo eché. Como soy muy sensible al azúcar, me sentí fuerte en cuanto tuve el jugo de uva dentro de mí, así que pedí otro vaso, que a su vez me hizo sentir más fuerte. Tomé mis ánforas, les vacié el agua y le pedí a la señora que me las llenara del jugo, que más bien parecía papilla de uva. Pagué y me fui.

En el camino empecé a beber el brebaje de uva, que funcionó como un impresionante Red Bull en mi sangre. Ese día pedaleé de una forma muy salvaje, tal vez a unos 40 kilómetros por hora. Eso, para tener una idea, es un ritmo de competición, algo que se ve mucho, por ejemplo, en el Tour de Francia.

A mí el azúcar en la sangre me hace olvidar los calambres, el cansancio y el dolor en los músculos. Estaba superuvaenergizado. Ese día iba a llegar a un pueblo llamado El Cerrito. En algún momento lo perdí, no veía dónde estaba, así que encendí el GPS en mi celular y noté que ya lo había pasado, así que decidí seguir hasta la próxima ciudad, que era Cali, como a 40 kilómetros. Todavía no oscurecía tanto, así que llegué allí sin problemas. Ahí pasé la noche.

Al día siguiente me levanté, me dolía ligeramente el estómago, me sentía mareado y tuve diarrea. Sufría las consecuencias de la uva y la carne de puerco del tamal. Me sentía mal, no quería moverme. Sin embargo, estaba rompiendo un Récord Guinness y el tiempo era una de las reglas. Al Récord no le importaba cuánto tiempo descansabas

y cuánto pedaleabas, sino que el cronómetro seguía corriendo inde-
finidamente.

Mi diarrea era impresionante. No sé cómo pude controlarla, porque una diarrea de ese tipo en realidad nunca pide permiso. Tal vez
los *shocks* de adrenalina me ayudaron a contenerme. Lo bueno es que
Colombia está lleno de jungla; entonces, me perdía por ahí a hacer
mis necesidades. El primer día me había deshidratado tanto por la
diarrea que solo hice pipí una vez en toda la jornada, aunque tomaba
grandes cantidades de agua.

No me gusta ser tan específico, pero así fue. Pedaleé en estas circunstancias alrededor de tres días. En el tercero, cuando llegué a una ciudad
de buen tamaño, Popayán, pude ir al doctor. Además, ahí me reuní una
vez más con Cristian y Anaid, quienes siguieron viajando en autobuses.
Al llegar al médico descubrimos que se trataba de un consultorio de medicina alternativa. Me recetaron dos jarabes de yerbas y frutas que me pa-
recieron extraños. Era todo lo que había: una pastilla y dos jarabes.

Desde el primer día que los tomé, sentí la diferencia. En los siguientes tres días, me había curado completamente. Pero fue muy difícil pedalear en estas circunstancias, con deshidratación constante,
asco para comer, una sed tremenda y fiebre ocasional. Tuve que seguir así en aquellas carreteras estrechas y con las violentas altimetrías. Sin duda, fue uno de los tramos más difíciles del viaje.

 ## Cambio de paisaje

Después de mi atormentado paso por Colombia y de cara a Ecuador, de nuevo el viaje se hizo monótono. Empecé a acostumbrarme a
viajar solo. Para ello adopté un nuevo mecanismo. Ahora solo desayunaba y cenaba. Ya no comía, porque me daba cuenta de que me hacía perder mucho tiempo, pues no venía con Cristian ni Anaid. Para
compensar la comida, ahora desayunaba cantidades enormes y podía
durar hasta las cinco o seis de la tarde sin comer nada más.

Ecuador lo pasé de esta manera, concentrado y sin muchas aventuras. Siempre en todo el camino, desde Alaska hasta Argentina, ha-

bía ciclistas que se me emparejaban en el camino y teníamos breves conversaciones. Pero la mayoría de ellas no tiene sentido contarlas.

Desafortunadamente, uno de los recuerdos relevantes que tengo de Ecuador es que ahí mi bicicleta empezó a fallar. La avería comenzó porque el casete de estrellas trasero estaba barriéndose, no engranaba con la rueda y por lo tanto no la hacía girar. En este punto, me había vuelto a encontrar con Cristian y Anaid, por lo que ellos me ayudaron a sortear el nuevo problema de la bicicleta. Debí buscar quién arreglara eso y fue un relajo, porque toda la gente con quien lo veía me decía que no había reparación y que debía comprar la refacción, mandándola traer y tardaría una semana en llegar.

Buscaba soluciones rápidas y nadie las tenía, hasta que encontré a un chavito que me dijo:

—Yo se lo puedo arreglar.

Yo pensaba que el casete de estrellas era algo mucho más sencillo. Pero no.

—Yo se los arreglo, solo debe de estar sucio —me había dicho el chavo.

Ese día no pedaleé tanto por ese problema. Había llegado como a las dos de la tarde a Quito y se me habían ido varias horas en encontrar una solución. El chavo se puso a arreglarla y a eso de las siete ya había terminado. Me mandó fotos por WhatsApp mientras estaba reparando la pieza y en ellas se ve de qué está hecha esa parte. Resulta que los casetes tienen un sinfín de piececillas, como si fueran un reloj viejito.

Y luego vino Perú. Justo en la ciudad fronteriza de Huaquillas, la última de esa ruta en Ecuador antes de entrar a Perú, volví a encontrarme con Anaid y Cristian. Ellos habían llegado antes y aprovecharon el tiempo para cambiarme dólares —Ecuador reconoce el dólar estadounidense como moneda oficial— a soles peruanos. Fue muy útil que me apoyaran con esto, porque yo, concentrado con el pedaleo, podía ser muy descuidado en estas cosas. Además, a Cristian y Anaid les habían advertido que en esta zona son comunes las estafas con billetes falsos.

Ellos me esperaron justo en el centro de la pequeña ciudad, donde ya habían rentado un cuarto. A la mañana siguiente yo salí temprano y ellos se quedaron unos días más porque los precios de Ecuador eran más convenientes. Nos despedimos con la promesa de reencontrarnos en la capital de Perú, Lima.

Ahí recuerdo que vi la frontera, entré y en todo momento iba ciscado. Pensé que iba a enfrentarme con una gran jungla, quizá con un terreno más boscoso que Colombia.

Me gustaba entrar en otro país porque veía cosas nuevas y eso ayuda mucho a no aburrirse estando tanto tiempo sobre la bici. La monotonía me había acompañado en Montana, donde se ve por mucho tiempo el mismo tipo de paisajes, igual que en Alaska y Canadá. Colombia no me había asombrado, porque se parece en muchas partes a México.

En Ecuador, lo más relevante que recuerdo geográficamente fue saber que había dejado atrás el Polo Norte. En Quito, Cristian me había recordado que la línea que divide en dos al mundo la había cruzado poco antes de la capital ecuatoriana. Sin embargo, me animaba explicando que en realidad faltaba mucho menos ya que no era la mitad del récord, porque en Sudamérica no íbamos a llegar al círculo polar y por lo tanto el trayecto sería más corto. De tal manera, la mitad de nuestro viaje había sido algún punto entre Nicaragua y Costa Rica, según estimaciones de Cristian.

"En Perú al menos el horizonte va a cambiar", pensaba al dejar atrás Ecuador.

A diferencia de América del Norte, en la parte latina del continente la naturaleza ya no está en la carretera. Creo que tiene que ver con la cultura en la cual vivimos. El otro día vimos en la televisión una nota sobre un oso que se asomó a una ciudad en Chihuahua y lo mataron. Supongo que por esto no se da esa situación de que, de repente, veamos algún venado en medio de la ciudad. Por eso en América Latina nunca vi un animal exótico en el camino. Es irónico, porque creo que crucé lugares con mayor diversidad de especies que Norteamérica.

Entonces yo pensaba que al entrar en Perú encontraría un clima tropicalón. Algo así como el de Acapulco y nuestras playas del Pacífico. Palmeras, cocos y todo eso. Cómo es engañosa la ignorancia, caray. Resultó que toda la costa era un gran desierto. Recuerdo el primer día en los caminos peruanos, cuando un motociclista que viajaba en el mismo vehículo con un compañero se me alineó.

—¿Y así le vas a dar en el desierto? —me preguntó el tipo que venía atrás.

—Pues sí, supongo que sí —le dije—. ¿Sabe hasta dónde llega esto?

—Ya todo Perú es así —me respondió.

—Pues yo voy hasta Chile.

—En ese caso hasta Chile es así —explicó.

Luego matizó un poco:

—Al final ya cambia un poco, pero la mayor parte va a ser así.

"¡En la madre!", pensaba yo.

Me saqué de onda. De cierta forma, ya me había acostumbrado a pedalear y a tener que rifármela solo, pero ahora resultaba que iba a cruzar un desierto solo. Ese pensamiento me sacó, de cierta manera, de la zona de confort que me había creado durante los últimos días al pedalear solo. Se me puso más difícil.

Los viajeros de la moto me dijeron que por los primeros tres días iba a estar bien, pero luego se complicaba el camino.

—Aquí todavía encontrarás cosas, pero más adelante hay tramos de 150 a 200 o 230 kilómetros en los que no verás nada más.

Los motociclistas habían hablado con voz de oráculo, pues pasaron los primeros tres días muy *relax*, pero el camino empezó a complicarse cuando llegó aquel día en que pedaleaba entre 150 y 200 kilómetros sin nada alrededor.

CAPÍTULO 4

⬙ El largo túnel peruano

La ruta que tomé en Ecuador, Perú y Chile es de rectas en las que miras al infinito y logras ver mucho hasta que se te pierde la mirada en el horizonte. En Perú me había conseguido un mantra que repetía a la gente cada que iba avanzando por esas grandes rectas: "¿Esta es la última tienda que voy a encontrar?".

Llegó el momento en que en una tienda me contestaron con la temible afirmación:

—Sí, aquí nomás. Luego hasta no sé cuántos kilómetros más adelante —me dijeron.

También tengo la costumbre de preguntar cuánto falta para tal lugar, pero rara vez era correcta la estimación que me daban. Muy rara vez le atinaban. A veces me parecía claro que la gente no tenía estudios, porque contestaban con disparates.

—Oiga, señor, ¿cuánto falta de aquí a la frontera de Ecuador? —pregunté alguna vez.

—Son como tres kilómetros —me respondieron, cuando faltaban 400 o algo parecido.

Entonces pensaba: "¡Rayos! No me encontré con la persona indicada".

Pero otras veces me contestaban lo que realmente era. Lo sabía porque tenía noción de cuánto faltaba y solo quería que me lo aseguraran. Cuando eres ciclista también eres muy quisquilloso con los kilómetros, porque sabes que cinco más o cinco menos se sienten.

Cuando la señora de la tienda me confirmó que era la última del camino antes de entrar en un desierto incógnito, preferí creerle y abastecerme ahí. La tienda tenía su propio restaurante. Aproveché y desayuné ahí, mucho. Compré botellas de agua. Me puse un litro y medio en la espalda y otras dos botellas en mis porta bidones: una de litro y medio y otra como de 600 mililitros. En mi maleta, entre mis cosas, llevaba también una de esas botellas alargadas, creo que de dos litros.

Me llené de galletas donde pude. En la espalda de mi *jersey*, donde tenía bolsas, me metí también golosinas y ese tipo de cosas. Entonces tuve una experiencia muy rara. A pesar de todo lo que había comprado, sabía que con el agua que llevaba no rendiría. Estaría tomando muy poca, porque, si me la tomaba toda, al rato me pegaría muy fuerte la sed. Ya tenía práctica administrando el agua y quedándome sin provisiones en la carretera. Pero en esta ocasión era distinto, porque en esas experiencias pasadas yo no sabía que me quedaría sin suministros. Ahora sabía que en algún momento me iba a pasar. Además, estaba algo nervioso porque alguien me había advertido que más adelante ni siquiera podría pedir ayuda, pues la gente la niega por temor a los asaltantes.

Eso me lo habían contado unos días atrás en unos restaurantes a los que los peruanos les llamaban de una forma en particular que ahora olvidé. Son lugares donde tienen tres platillos ya hechos. O sea, no te preparan la comida, sino que ya está lista cuando los clientes llegan. Y en esos comedores es común entre camioneros hacerse plática. Yo llegaba, tomaba un lugar y los camioneros hablaban conmigo también.

Solo a veces contaba toda mi aventura y lo hacía casi siempre a medias. Me reservaba buena parte de la historia pensando que era lo más seguro.

—Soy mexicano —les explicaba—. Tomé un vuelo a Ecuador y por eso estoy ahora en Perú. Solo pienso llegar a esta otra ciudad.

A los camioneros que se veían buena onda y de confianza, a ellos sí les contaba:

—Vengo desde Alaska y voy hasta Argentina, tratando de romper un récord —decía.

Pues bien, en estos lugares de honestidad espontánea, me habían dicho que a los lugares peligrosos en el desierto les llamaban zonas rojas, y que ahí era muy posible ser asaltado. Dos camioneros me llegaron a platicar lo mismo en restaurantes distintos. Me contaron de casos en los cuales unos chavos estaban pidiendo *ride* en medio de la carretera. En esa región es común encontrarse viajantes viviendo la aventura del desierto —el desierto atrae a la gente loca—. Entonces, un camionero veía a los chavos en medio de la nada, los subía a su carguero y, una vez arriba, uno de los invitados le ponía la pistola y lo obligaba a avanzar. Adelante ya estaban esperando tres *pickups* y en ellas descargaban todo el tráiler.

Por eso los camioneros me habían advertido que sería muy difícil encontrar quién me ayudara allá, porque iban a pensar que estaba haciendo fechorías.

Y bueno, después del desayuno empecé a pedalear y como a las cinco de la tarde ya no tenía agua ni comida, así que no me quedó otra más que continuar pedaleando así.

La primera hora la pasaba sin broncas, pero a la segunda ya empezaba a dolerme el cuerpo y a fastidiarme la lengua, porque me pedía agua, y comenzaba a sentirla muy rasposa. Entonces, empezaba a percibir una sensación extraña: comenzaba a sufrir el efecto túnel en la vista. Eso es cuando la visión periférica se borra o solo queda lo del centro.

La visión túnel no era algo ajeno a mí. Cuando entrenaba taekwondo me ocurría y entonces ya sabía qué iba a pasar. También empezaba a ver las cosas infladas, y eso lo notaba más cuando miraba mis manos agarrar el manubrio de la bicicleta, a la que sentía muy grande mientras yo me percibía muy chiquito. Se deformaban ligeramente las cosas. Por ejemplo, los dos carriles de la carretera los veía como si estuvieran muy juntos.

"Estoy alucinando", pensé en un principio.

Y esto se volvió recurrente en Perú. Recorría 200 kilómetros sin nada. Al día siguiente, encontraba una ciudad o algún lugar dónde abastecerme, y un día después, volvía a pasar por el tormento de 200 kilómetros sin nada. Pero a veces me tocaban dos días sin nada. Me pasó hasta tres días, y eso me hartaba demasiado.

Me fui acostumbrando a que se me distorsionara la vista y adquiriera la visión túnel. Cuando empezaba el sufrimiento de la primera hora, yo seguía como si nada. Pero notaba que esto me pasaba en la vista como a la hora y media sin agua ni comida. Cuando comenzaba esa mirada aberrante, sentía que el sufrimiento por el hambre y la sed desaparecía.

Hasta hoy en día lo sé, porque hace poco un doctor me lo explicó. En esas circunstancias, el cuerpo vive muchos *shocks* de adrenalina y es un momento en el cual uno va sufriendo. Pero después el cuerpo empieza a relajarse y viene la visión túnel como un modo de ahorro de energía. Al relajarse, el cuerpo ya no pide tanta agua o comida. Y es justo el tiempo en el cual hay que hacer los últimos *sprints* para llegar a un sitio donde comer.

Así fueron mis días en Perú.

Colección del desierto

Un día en que me levanté —de los que debía pedalear 200 kilómetros sin nada— descubrí que mi cuerpo se había adaptado a esa rutina. Ya me entraba más comida por las mañanas, porque mi estómago como que se había ampliado. Eso me hacía sufrir menos por las tardes.

Comer tanto en la mañana me llevaba mucho tiempo. Desayunaba demasiado. En cantidades, calculo que me comía casi dos pizzas grandes. Me quedaba alrededor de dos horas en el restaurante pidiendo alimentos, comiendo y luego haciendo reposo.

Uno de esos días pasé la noche en un hostal. Siempre antes de dormir, en el último momento, hacía la consabida visita a la tiendita del lugar para reabastecerme. Primero cenaba en algún lugar cercano y luego compraba agua, pan y cuantas golosinas me era posible. Entonces, estaba comprando pan en una tienda y le parecí interesante a la mujer que atendía el lugar.

—Ah, ¡vos sos de México! ¿Verdad?

La señora empezó a platicarme cosas en muy buena onda. Me cayó bien y le conté lo que estaba haciendo, sin guardarme nada.

—¿Cómo se nota que soy de México? —le pregunté.

De todos los países Perú es donde me pareció que hablan más parecido a México. Y es que, claro —es arbitrario decirlo—, pero me parece que el acento mexicano es el más normal de toda América Latina.

—Esperá, tengo que hablarle a mi papá —me dijo ella—. Le va a gustar conocerte.

Llegó el papá y también me puse a platicar con él. Fue una conversación afable. Me dijo que a él también le gusta viajar. Entonces, el señor me platicó de un restaurante por el que iba a pasar en mi camino hacia el sur.

—He escuchado que ahí, a mitad del recorrido que vas a hacer mañana, hay un señor que trata muy bien a los aventureros —me informó.

Yo no le puse mucha atención a eso. Seguimos divagando y charlando de una cosa u otra. En algún momento, la chava que me había atendido al principio en la tiendita hizo algo que me pareció muy extraño.

—Un momento. Le voy a hablar también a mi hija —me dijo—. Le va a gustar escucharte porque hablás como los personajes del *Chavo del Ocho*. Aquí vemos mucho el *Chavo del Ocho* y vos hablás como ellos.

Pronto tuve ahí a la hija de aquella mujer para que me escuchara hablar con su papá, tomando unas breves lecciones de mexicano.

A la mañana siguiente terminé de desayunar y enseguida empecé a pedalear. A los 40 kilómetros, es decir, a la hora y 40 minutos de pedaleo aquel día —en esa parte de Perú, cuando has pedaleado una hora ya estás metido en el desierto, con nada más que arena a los costados—, vi un restaurante. Yo siempre lo describo como algo salido de los Looney Tunes: un restaurante en medio de la nada. Pero este lugar se veía más loco que los de las caricaturas porque estaba rodeado por arena, totalmente solo. El restaurante se llamaba La Balsa.

Me detuve y entré simplemente porque algo me llamaba a que me metiera. Vil curiosidad. Creo que porque el desierto da miedo y por ver gente terminé ahí de curioso. Al entrar, me recibió una persona. Era un señor que, aun cuando todavía no pedía nada, me dijo:

—Vos viajás en bicicleta.

—Sí, ando en bici —respondí.

No creo que fuera muy perspicaz, simplemente me vio con el *jersey* puesto.

—Ah, mirá. Pasá —me invitó.

Entonces me sacó del comedor del restaurante y me metió por la cocina, hasta llegar a una mesa al lado de esta. Ya no era parte el restaurante, sino un lugar dentro de la casa.

—Siéntate. Te quiero mostrar algo —me dijo.

Lo que me mostró era un tesoro de esos que se muestran en el programa *El precio de la historia,* del Discovery Channel. Yo nunca he vuelto a ver algo semejante. Puso delante de mí una pila de libros. Eran tres y eran tan voluminosos que medían unos 25 centímetros apilados. El hombre luego fue por otros dos libros igual de gordos.

—Mirá, abrí uno —me indicó.

Empecé a ojearlo y noté que era un álbum de viajeros que habían pasado por ahí: motociclistas, caminantes, ciclistas que habían decidido entrar en el restaurante. Y ahora entendía por qué lo hacían. ¡El lugar llamaba mucho la atención! Todos lo describían como un oasis.

—Wow, lo que tiene aquí es impresionante —le dije al señor—. Es algo que yo nunca había visto.

Entonces, empecé una amena charla con el coleccionista de testimonios viajeros.

—¿De dónde sos? —me preguntó.

—De México.

—Ah, mirá. Yo tuve unos muy buenos amigos mexicanos.

Sacó otro libro y me lo mostró. Tenía la historia de tres mexicanos que iban a Ushuaia y habían salido de Querétaro en 1998. Habían viajado desde Querétaro y llegarían a Argentina, o viceversa, no recuerdo muy bien. Para mí fue muy loco ver eso. Sé que desde hace mucho existe el cicloturismo, pero me pareció curioso que esta cultura ya se viviera en México desde ese entonces.

Pero él me hablaba de forma rara, como si los extrañara, cuando en realidad solo estuvieron tres días con él.

—Sí, aquí estuvieron —recordó—. Nos ayudaron a preparar chicha morada, porque ellos querían ver cómo se hacía.

En Perú tienen esa bebida que preparan a base de un maíz morado. Chicha morada la llaman, y sabe a maíz, como a agua con tortilla. No me gustó.

El señor me contó que la primera vez que registró a un viajero —porque él veía que pasaban muchos viajeros— fue a un ciclista. Creo que era australiano y su registro era de 1991. Desde entonces empezó a ver más aventureros. Entre estos, que habían dejado huella en sus libros, había uno a quien yo reconocí. Se llama Mark Beaumont. Es un tipo que ha grabado documentales y llegó a romper el récord de la vuelta al mundo, el cual ahora ya tiene otra persona.

—Mira, este tipo es muy famoso en este tema —le dije a mi anfitrión.

—Sí, otras personas que pasaron por aquí me dijeron: "¿Y este ricachón qué andaba haciendo por aquí?".

No sé si ese tal Mark tenga dinero o no, pero parece que sí. Creo que es fundador de alguna empresa y se mueve en una alta clase social.

—Sí, tiene dos documentales: uno de la vuelta al mundo y otro de cruzar América —expliqué al señor.

Cuando hizo el de cruzar América fue como cicloturista. Esos documentales salían en la BBC.

—Pero mirá, este está más interesante —me dijo el hombre.

Cada viajero dejaba un escrito, una fotografía suya o algo que llevara cargando. Simplemente lo dejaba ahí.

—Ve este —me dijo el hombre.

Era un tipo que se hacía llamar Goliat en su pequeño escrito. Él dejó un dibujito suyo. Se retrató ahí. Era un tipo que había puesto sus maletas en un cochecito que iba jalando con sus manos. Pretendía recorrer desde Argentina hasta Inglaterra sin tomar ningún tipo de barco o vuelo. Todo lo haría a pie. La idea incluía que hasta el Tapón de Darién lo cruzaría andando, haciéndose camino por un lugar donde no lo había. Según él, pediría un permiso al gobierno panameño. Y luego, todavía más loco, quería cruzar a Europa por Alaska, por el estrecho de Bering. ¡No tengo idea de cómo puede ser eso posible! Iba a ser una locura total. Era una caminata que tenía planeada para ocho años o algo así.

El restaurantero tenía muchas de estas historias documentadas en fotografías.

—¿Te sirvo un plato? —me dijo de pronto—. Yo te lo regalo.

—No, es que acabo de comer —le respondí.

De cierta forma, el señor trataba de engancharme para que me quedara ahí, así que después de un rato debí explicarle bien qué estaba haciendo, que cruzaba el continente y debía avanzar casi 200 kilómetros por día.

—Nunca he tenido aquí a alguien que haga eso —me respondió—. Es muy impresionante. Déjame tomarme una foto contigo.

Le habló a su señora para que tomara la foto. Después, ella se sentó conmigo también, intercambiamos algunas palabras y de repente se acercó otra persona que les ayudaba, igualmente para escuchar mi plática.

—¿Seguro que no querés quedarte? —insistió el dueño del restaurante.

—No, tengo el tiempo encima —dije un poco apenado.

—Bueno, esperá.

Se fue y volvió con un montón de cosas, entre ellas galletas y agua.

—Híjole. Esto no me cabe en las mochilas —expliqué—. Es mucho para mí, yo viajo solo con un poquito.

Agarré algunas cosas de ahí y las metí en mi maleta. Entonces noté que el hombre, en voz bajita, les decía algo a su ayudante y a su señora. Ellas salieron. Yo aproveché y me despedí.

—Bueno, ya me voy —dije.

—Esperá —pidió el tendero—. Queremos darte algo que va de nuestra parte.

Entonces volvió la ayudante y me estiró la mano. En ella tenía no recuerdo cuántos billetes.

—¡¿Cómo creen?! —exclamé—. No puedo aceptarlo. ¡Esto es algo que no se hace!

—Sí, ¡aceptalo! —insistía el restaurantero.

—No, no puedo —continuaba yo.

Era una situación un poco incómoda. Después de mucho discutirlo, se acercó la señora, me dio los billetes y un abrazo. Luego el señor sacó aún más billetes y también me los entregó. Recuerdo que ya los había convertido en mi mente y me habían dado algo equivalente a unos 400 pesos mexicanos. ¡Me pesaba la idea! Entonces el hombre me escribió una dirección de correo electrónico en un papelito. No era su propia dirección, sino la de algún conocido suyo.

—Cuando termines esto, escríbeme —me dijo—. Nosotros vivimos en la ciudad de la que viniste. Ahí el correo nos llega a un lugar y de ahí nos avisan si nos enviaron un mensaje.

Desafortunadamente, el papel con la dirección se me perdió después en alguna parte del camino. A veces he buscado información de ese señor porque me gustaría mandarle una copia del récord o algo parecido. En un camino tan agreste, hay gente que te llena de energía y esta persona fue definitivamente una de ellas. Lo único que he encontrado de él es algo de información sobre su restaurante, pero en internet no he podido obtener el contacto del lugar. ¡Qué lástima! Me despedí de mis amables anfitriones. Seguí con el viaje.

 ## Tok tok

Por esos días me tocó uno de esos tramos en los que se recorren 200 kilómetros sin nada alrededor. E igual, fue el mismo proceso: ubiqué cuál era la última tienda y, cuando iba entrando en ella, salió de ahí una viejita y me hizo gestos. Me señaló a mí, después a la carretera por donde yo iba a pasar y luego pasó su pulgar por su cuello en un corte horizontal, como haciendo referencia a que me iban a matar. Yo, por supuesto, no entendía qué me quería decir. Entonces, levanté las manos y me encogí de hombros, dándole a entender que no comprendía.

Pero ella seguía en lo suyo. Me señalaba y movía la cabeza. Yo pensé que era una muda. Entonces, empezó a decir:

—No, no allá. No allá.

—No le entiendo, no le entiendo —respondí.

—Ah, ¿vos hablás español? —me preguntó ella.

—Sí —le dije.

—Pensé que eras extranjero.

Fue un inicio algo cómico, pero luego la mujer me contó una historia que no tenía nada de risa. Me dijo que dos semanas antes habían pasado por ahí unos ciclistas que estaban cruzando y más adelante a uno de ellos estuvieron a punto de matarlo en la carretera. Lo atacaron unos motociclistas, fueron tras de él. Los ciclistas eran tres, pero uno de ellos empezó a rezagarse en el camino y a él fue a quien agredieron. Uno de los atacantes traía un machete; le robó sus cosas y estuvo a punto de matarlo.

"¡En la madre! —pensé yo—. ¿Entonces qué hago?".

Luego, un señor chismoso, que había estado escuchando nuestra conversación al lado de nosotros, agregó detalles de la historia:

—Es cierto. También me enteré —dijo.

Yo obviamente estaba preocupado, porque me veía reflejado en el ciclista a quien casi habían macheteado en el camino, así que quise saber lo más posible para tomar precauciones.

—¿Y cómo venían? ¿Qué hacen o cuál es el *modus operandi*? —pregunté.

—Estos malparidos a veces ni te avisan nada —respondió el hombre—. Te machetean y te dejan muerto ahí.

—¿Y cómo vienen? —volví a preguntar.

—Se esconden atrás de las dunas —hay muchas dunas en esa parte del desierto—. Y cuando te ven desde lejos, empiezan a salir en sus motos. Traen puras *tok tok*.

Las *tok tok* están por toda Sudamérica. Son motos simples a las que enganchan unos asientos para que puedan montarse dos personas atrás. Son una especie de cápsula viejita que hace mucho ruido. Su motorcito hace "tok, tok, tok". Por eso las llaman así. A lo máximo, esas motos corren a 40 kilómetros por hora.

Después de escuchar esa historia y sopesar los riesgos, consideré varias veces la posibilidad de abandonar mi viaje. Luego pensé: "¿Cuántas veces no he pasado por lugares peligrosos?".

Y luego tramé un plan absurdo y alocado, de esos que se me dan: bueno, si vienen a 40 kilómetros por hora, yo puedo pedalear por algunos segundos a 50 kilómetros por hora para que no me alcancen y luego buscar formas de escapar de estos tipos.

He ahí la brillante tontería de Carlos Santamaria en caso de que lo persigan. Como sea, conseguí darme algo de confianza y me animé a seguir. Pronto llegué a la carretera y empecé a pedalear por ahí. Comúnmente el desierto de Perú es muy nublado. Y ese día estaba más nublado de lo normal. Yo iba avanzando, mientras volteaba hacia atrás, hacia adelante, observando cuidadosamente las dunas, y encontré muchas construcciones abandonadas.

"Aquí, lógico que se van a esconder esos güeyes", pensé.

Entonces cuando veía esos lugares abandonados aceleraba lo más que podía. Pedaleaba hasta alcanzar 50 kilómetros por hora y aguantaba unos 30 segundos con esa velocidad. Luego le bajaba a 35. Estaba pedaleando a una velocidad que yo no acostumbro. Cuando volvía a pasar por lugares sospechosos, volvía a subir a 50. Al final, no tuve ningún incidente con los asaltantes de las dunas, pero me había llevado un buen susto y un largo rato de tensión en la carretera.

En Lima volví a reunirme con Anaid y Cristian. Ellos, como ya era habitual, llegaron antes y me apoyaron comprando algunas refacciones para mi bici, que hacían falta desde hacía tiempo. Seguían mi avance en un teléfono inteligente, a través de la aplicación de mi aparato GPS. De esta forma habían calculado que yo tendría que aguantar hasta Lima para hacer las reparaciones que tanto faltaban. Aunque Cristian visitó todas las tiendas que pudo, lo que encontró no fue gran cosa. Contrario a Colombia, Perú resultó no ser muy devoto al ciclismo.

 ## ¿Sos tonto o qué?

Llegué al fin a Chile, por su parte desértica. Pasé por el famoso Desierto de Atacama y no me impactó tanto, ya que desde Perú venía pedaleando por un escenario muy parecido. Era un camino largo y plano, así que debí lidiar nuevamente con el hastío por una gran parte de Chile.

Pero esa región del país me mostró algo cómico. En las primeras ciudades por las que pasé, es decir, el norte de Chile, la gente era medio enojona conmigo. O bueno, solo se desesperaban conmigo porque yo no les entendía ni papa. Era algo que yo ya había leído en internet, pero no creí que fuera tan evidente. Una vez entré en un restaurante y pregunté:

—¿Aquí sirven de comer?

El lugar parecía más hostal, pero afuera tenía un restaurante. Un señor grande, junto con otro chavo, me respondió:

—Sí, ¿qué querés?

—Lo que haya —respondí.

El hombre empezó a describir lo que había de comer, pero yo no entendía lo que me decía. Era como si me estuviera hablando en otro idioma.

—¿Me puede repetir? Es que no le entendí —dije.

Él empezó a hablar de nuevo, pero era en vano, porque yo simplemente no captaba las ideas envueltas en ese acento raro.

—No le entiendo lo que dice —repetí.

—Bueno, ¿sos tonto o qué? ¿No hablás bien el español? —me respondió.

El chavo que estaba junto a él empezó a burlarse, así que decidí aguantarme el hambre y preferí salir de ahí.

Siempre había visto que en internet se burlaban de cómo hablan los chilenos, pero es verdad. Yo conocía a algunos de Santiago y con ellos no tenía ese problema, pero a los de la parte norte de verdad que no les entendía.

"¡Rayos! ¿Me estás hablando español?", pensaba yo.

Me tocó al menos dos veces que los chilenos se molestaran porque no les entendía. Eso fue en el norte, pero después pasé por Santiago. Ahí vive un amigo de mi hermana y mío, que es hijo de la mejor amiga de mi mamá. Me recibió y me pareció lindo ver una cara conocida. Se llama Rogelio. Él fue fundamental en nuestra misión porque, debido a los precios que se acrecentaban rumbo al sur, Cristian y Anaid la tenían cada vez más difícil para pagar los transportes, el hospedaje y hasta la comida. Después de vernos en Lima, el plan acordado era reunirnos antes de llegar a Santiago. Pero el presupuesto de Cristian y Anaid menguó tanto que llegó incluso a estar en duda el vernos en la capital chilena. Chile resultaba absurdamente caro en el contexto latinoamericano.

Afortunadamente apareció Rogelio en medio del mapa para solucionarnos el dilema presupuestal. Ese día, entonces, nos quedamos en el departamento de Rogelio y me sentí muy cómodo. Fue muy lindo todo lo que pasó ahí. Santiago es una ciudad muy cosmopolita y desarrollada, así que aprovechamos para nuevamente darle mantenimiento a la bicicleta y cambiarle la cadena. Fue tan amable Rogelio que Cristian y Anaid permanecieron con él un par de semanas y, más aún, volvimos a ese lugar en nuestra ruta de vuelta a México, después de alcanzar el récord.

Hambre y sed en el Cono Sur

En Chile la aventura bajó de tono. Comencé a sentir el mismo efecto con el que salí de Alaska. Me sentía presionado, seco y ofuscado, tan concentrado en mi viaje que no me daba cuenta de muchas cosas a mi alrededor. De nuevo, ya estaba desesperado. Ya quería decirle adiós a esta aventura. Ya me sentía harto y me dolía todo. Dormía, me levantaba y seguía cansado. No importaba cuánto durmiera.

El territorio no ayudaba mucho, pues había partes de las carreteras en las que no vendían nada. Eso me estaba afectando mucho física y emocionalmente. Un día estaba pedaleando y volvió a ser difícil encontrar agua y comida. Pedaleé durante mucho tiempo después, hasta que llegué a un restaurante. Entré en ese establecimiento, ya con el efecto de la visión túnel. No había nadie más que un empleado y una señora que supuse era una clienta. Yo llegué tan desesperado que dije:

—Hola. Quiero un *poal slaugua sli daanba*.

Hasta la fecha, por más que me concentro no puedo recordar qué dije. De hecho creo que no dije nada en ese momento, solo balbuceos. Me sentía tan mal y, como me faltaba tanto el agua, no podía ni hablar. Creo que toda mi energía estaba enfocada en pedalear. La señora, muy contenta, me respondió:

—¿Querés un poroto chileno?

—Sí —me apresuré a decir. Sin tener la más mínima idea de lo que me ofrecía, con el único deseo en la vida de deslizar algo por mi garganta hasta nutrir mi cuerpo.

Me senté y enseguida me trajo un poroto chileno. Era una especie de sopa espesa que sabía a frijoles charros. En sí es pasta con caldo y estoy seguro de que lo preparan igual que los frijoles charros, con la excepción de que le ponen pasta. Ese día me di cuenta de que sentirte mal te afecta todo, hasta funciones de tu cuerpo que nunca te imaginarías.

Acabé de comer y le agradecí a la señora con un nítido "gracias". Ya podía hablar y la sangre me volvía a la cabeza, así que seguí. Tampoco comí de más, solo lo necesario, porque ya se estaba haciendo de

noche y, si comía mucho, después no podría pedalear. Hubiera sentido el estómago pesado y, como a veces me pasa cuando como y hago
ejercicio físico, me hubiera dado diarrea. Entonces, solo comí lo necesario para llegar a la ciudad y, no se me hiciera de noche.

En mi ruta por Chile, continué lidiando con la visión túnel, pero
ya me había acostumbrado a eso. Ya eran mis últimos días en el país.
Llegué a la última ciudad chilena, que se llama Osorno. De ahí cruzaría la frontera para llegar a Villa La Angostura, una ciudad ubica-
da ya en Argentina. Esa ruta también sería pesada. Ya había visto que
iba a ser un día de esos en los cuales se me acababa el agua.

Llegué a la frontera. Fue muy gracioso lo que pasó en la aduana
entre Chile y Argentina. Como ya era costumbre, yo desde el camino
venía muriéndome de sed. Sorprendentemente, en la frontera no había ni una tienda. Siempre, en todas las fronteras, al lado hay un negocio o alguien que vende cosas. No sé si ellos trataban de mantener
su frontera limpia o había muy poca gente en esa parte del continente, pero el punto es que no había dónde comprar agua. Me formé en
la fila para el papeleo muriéndome de sed.

El oficial que revisaba los papeles, al momento de abrir mi pasaporte, me dijo:

—Ah, habés viajado por muchas partes. ¿Cómo viajás?

—En bicicleta —respondí.

El tipo trataba de tener una conversación trivial, pero yo no podía
pensar más que en que me moría de sed y no había agua en esa oficina.

—Qué chévere. ¿Viajás mucho? —insistía el oficial.

—Sí, estoy rompiendo un Récord Guinness y, por cierto, me estoy
muriendo de sed. Llevo alrededor de tres horas muriéndome de sed.
¿Sabes dónde hay una tienda?

—Ah, no. Aquí no hay nada de tiendas. Vas a encontrar una a 20 kilómetros en esa dirección —me explicó.

Yo hice cuentas rápidas y estimé que esa distancia era igual a pedalear una hora. El oficial me estampó un sello y me pidió que me for-
mara en otro lugar.

Cuando me pasé a la otra fila no soportaba más la sed. Había un
garrafón con agua para los trabajadores de esa oficina. Yo le había

contado mi historia al oficial y le había preguntado por una tienda, con la tirada de que se compadeciera y me diera tantita agua del garrafón. En eso vi a otro empleado servirse agua y escuché el sonido de las gotas caer en el vaso. Eso me afectó mucho, me pareció una verdadera tortura. Me pesaba tanto que empecé a delirar en voz baja.

—Necesito agua, necesito agua —balbuceaba.

De repente alguien me tocó el hombro.

—Tomá —me dijo el primer oficial con el que había hablado.

Me había dado una botella de refresco abierta. Se ve que la habían vaciado y la habían llenado con agua. El oficial había puesto en espera a toda una fila de gente solo para servirme agua.

—Muchísimas gracias —le dije.

No supe si el oficial alcanzó a escuchar cuando yo deliraba por agua en voz baja. O tal vez solo me había visto tan jodido desde el principio que decidió hacer su labor humanitaria del día.

Bebí el agua y fue como un golpe. Me sentí alivianado, como cuando aguantas mucho antes de hacer pipí y llegas de repente al baño. Era una relajación súbita. De esta forma fue que me recibió Argentina. En mi primer día ahí, llegué a Villa La Angostura, de ahí le di bordeando hacia el sur por la frontera con Chile hasta Bariloche y luego a El Bolsón. Esos lugares los pasé sin sobresaltos.

En más de una ocasión durante la ruta argentina llegué a escuchar un comentario:

—Uy, cuidate aquí, que te podén robar —me decían.

Además de El Salvador, fue el único otro lugar donde los locales me advirtieron de ellos mismos. En todas las ciudades, incluso en Santiago de Chile, la gente siempre se refiere a las urbes grandes como peligrosas. En El Salvador, me habían mencionado específicamente el centro de San Salvador. Creo que incluso en México es igual. Me di cuenta de que era algo que se repetía en todos estos países, a excepción de Estados Unidos y Canadá. Es decir, la inseguridad era compartida en América Latina. En Norteamérica tienen también problemas, pero son de otro tipo.

En El Bolsón, una ciudad pequeña, me metí en una tienda a comprar mis víveres. Era común que yo dejara mi bicicleta de manera que desde dentro del lugar alcanzara a ver la rueda o algo así. De pronto salí y había un chavo como de unos 18 años que ya tenía cargando mi bicicleta. Lo miré, él se detuvo y la puso de nuevo en el suelo. Él venía acompañado de otros chavos que lo esperaban en un coche cerca de ahí. El chavo estaba tratando de robar mi bicicleta, pero supongo que se asustó al verme; entonces, se metió en el coche de sus colegas y siguió con ellos su rumbo.

Último nivel: Tierra del Fuego

Empecé a bajar más al sur y llegué a un nuevo momento de paisajes desérticos. No había nada. Era, curiosamente, como cuando había iniciado mi viaje en Alaska. La diferencia en el hemisferio norte es que yo iba acompañado y por eso no padecía el problema de quedarme sin agua. Los polos tienen ese rasgo de climas difíciles. En el Cono Sur, cada vez empezaba a haber menos pueblos e infraestructura.

De nuevo regresé al fastidio de quedarme sin agua ni comida por un buen rato, pero desde Perú me había acostumbrado a eso. Luego pasaron cientos de kilómetros sin nada interesante. Solo el frío y el viento cambiaban de una manera que no me gustaba nada, pues había dejado mi ropa de invierno en Colombia.

Desde que salí de Alaska, algunos cicloturistas que me encontraban me señalaban que yo no traía buen equipo para hacer el viaje que intentaba, de punta a punta del continente. Se sorprendían por el equipo que cargaba, que era casi nada.

Hay gente que ha avanzado como yo, con casi nada de equipaje. Pero es gente fuera de serie. Durante mi viaje, creo que de 50 personas que viajaban en bicicleta solo una lo hacía como yo: ligero. Entonces, los cicloturistas se sacaban de onda.

—¡¿Cómo le haces?! —preguntaban extrañados.

Pero bueno, depende de lo que uno se proponga hacer. Hay cicloturistas que cargan hasta con 80 kilos porque siguen otro tipo de viajes. Y de hecho, regularmente solo avanzan 40 kilómetros al día. Particularmente los de este tipo se sorprendían con mis alforjas flacas.

—Abajo no vas a poder —me aseguraban—. Necesitas comprarte algo, sobre todo comida, porque te vas a quedar en medio de la nada.

Y efectivamente, siempre me quedaba en medio de la nada y sin comida. Por supuesto que lo sufría, pero lo aceptaba porque lo veía como un aspecto normal de mi viaje. Era como estar en un videojuego, donde la historia va por niveles. Hasta el nombre de mi destino parecía apropiado para el final de una aventura *gamer*: Tierra del Fuego.

Continué adentrándome más y más en la punta de Sudamérica y a cada momento se ponía más feo el ambiente. Al frío había que sumar la sensación de estar sin nada, el fuerte viento y ese aire de que uno se va acercando a algo inusual, como a algo prohibido.

A medida que el viaje se tornaba difícil, volvió otra sensación que era familiar de mis kilómetros recorridos en Canadá. Cuando sabía que el camino se iba a poner difícil, porque notaba en el mapa que la distancia era larga, como de 200 kilómetros, me sentía totalmente estúpido al principio, por intentar algo de lo que no estaba seguro. Pero mientras me adentraba en la carretera, algo surgía de mi interior para ayudarme a remontar la situación. Una chispa comenzaba a arder y me hacía sentir fuerte, fuerte.

—Yo puedo, yo puedo —me repetía a medida que mis músculos tomaban control de la situación.

En Canadá, en lugares donde parábamos para que Anaid y Cristian me dieran un plátano o un sándwich, a veces teníamos el cielo ligeramente despejado.

—Mira, ve hacia dónde va la carretera —decía entonces Anaid—. Parece que la naturaleza ya nos espera.

La carretera entonces se extendía hacia el fondo del horizonte canadiense y las nubes comenzaban a oscurecerse. En esos momentos me daba por sentirme estúpido por dirigirme al lugar hacia donde uno menos pedalearía. La misma sensación me visitaba allá abajo en Argentina.

ᗡᗡ Hecha por la misma mano

Algo que me impresionó de esa parte del continente fueron Chile y Argentina, los únicos lugares diferentes, sobre todo sus ciudades.

Cuando la gente me pregunta qué me pareció esa región, siempre digo lo mismo: toda Sudamérica está hecha por la misma mano, menos Chile y Argentina.

Sé poco de historia, pero ahí abajo se ve la huella de Europa. Las casas son la mayoría de estilo muy europeo. Eso me llamó la atención más que la naturaleza, porque sentía que ya la había visto toda y no había muchas cosas que me impresionaran, aunque sí había visto un par de cosas agradables.

En Argentina vi muchos guanacos. Yo no sabía que esos animales eran diferentes a las llamas. Yo pensaba que era algo que solo había en Perú, hasta que un lugareño me explicó la diferencia:

—No, no son llamas. Son guanacos. Son animales más pequeños y no sirven para cargar, porque no aguantan tanto peso.

Los guanacos son salvajes y andan en las carreteras, en las que también hay ñandúes, unas aves parecidas a las avestruces, caminando como si nada con sus polluelos detrás. Fue muy lindo ver todo eso.

Pero lo mejor fue encontrar en esa zona a mi pájaro favorito, que es el quebrantahuesos. Parece un pokemón, sobre todo en la época en que tiene plumas rojas. Si estoy en lo correcto, hay quebrantahuesos por allá. Estoy seguro de haber visto dos de ellos cuando me acercaba a Tierra del Fuego.

Otro gran punto a favor de esta parte de Sudamérica son los embutidos. Si me preguntan cuál es una de mis comidas favoritas, no dudo en responder que es el salame. Creo que allá le llaman *salame maduro* y no es ese que se ve como el jamón en México. Desde que llegué a Argentina vi que había lugares llamados *fiambrerías*. Una vez entré por curiosidad a uno de ellos, dedicado a vender carne y embutidos, y noté que tenía salames de a montón. A partir de entonces, siempre compraba un poquito de salame como parte de mis suministros. En vez de *snacks* o cacahuates, mis calorías en Argentina venían del salame. Lo llevaba suelto en mis alforjas, revuelto con mis cosas y todo sucio, pero yo, como si nada. Me encantaba.

A medida que descendía en la latitud y arreciaba el frío, fue inevitable tener que comprar ropa nuevamente para reponer algo de lo que había botado en Cartagena. En un lugar llamado Río Gallegos, poco antes de cruzar a Tierra del Fuego y días antes de llegar a mi meta, volví a reunirme con Cristian y Anaid, quienes pudieron continuar el viaje al sur gracias a la hospitalidad de Rogelio. Allí entré en un supermercado, y compré un pantalón térmico negro, una sudadera y una playera térmica.

"Ya con esto. No quiero estar más pesado", pensé, obsesionado con la ligereza.

Al siguiente día llegué al Estrecho de Magallanes, una separación que divide la isla principal que compone a Tierra del Fuego de la América continental. El Récord Guinness permite cruzar ahí mediante un bote que transporta también unos ocho o nueve coches. Entonces, lo tomé; es un recorrido como de 25 minutos. Para no faltar a mi costumbre, en este punto venía muriéndome de hambre, muy mal.

Tierra del Fuego se divide en dos. Una parte es chilena y la otra es argentina. Entonces, al momento de cruzar el estrecho, llegas en principio a Chile nuevamente. Yo tenía mucho frío y me di cuenta de que mi abrigo era insuficiente, pero no había querido llevar más porque solo debía esperar nuevamente a pedalear para volver a entrar en calor. Además, el barco que cruza el estrecho es húmedo. A los pasajeros los meten en unos cuartitos para no sentir tanto el clima, pero yo igual iba torturado por el frío.

"Ya quiero bajarme, ya quiero bajarme", pensaba.

En cuanto llegamos del otro lado, tomé mi bicicleta nuevamente y llegó hasta mí uno de los trabajadores que se encargaba de mover los coches en el barco. Entonces me estiró el brazo con una bolsa de papel.

—Ten. Empanadas chilenas recién horneadas —me dijo.

Efectivamente, se sentían calientes. Recordé que las empanadas son muy famosas en Chile. En la bolsa había tres de ellas y estaban grandes, casi cubrían una comida completa. Bajé, pedaleé un poquito y las devoré en la carretera.

En Sudamérica había pasado tantas dificultades que había olvidado casi por completo mis problemas personales. Me había desconectado de sentimientos y ya no tenía problemas con ello. Traía en la cabeza solo lo básico, con lo que se podía seguir.

A los retos de la Patagonia había que sumarle que en Tierra del Fuego había una parte donde los caminos eran como en Alaska. Es decir, sin pavimentar. Antes de llegar a la primera ciudad, se le había hecho un chichón a una llanta y sentía un ligero golpeteo al avanzar. Sabía que tarde o temprano se iba a romper esa llanta, así que la cambié en la ciudad. Esto ocurrió porque en la terracería había muchas piedras y la llanta se llevó un buen golpe contra una de ellas. Pero no fue algo que me persuadiera para dejar de avanzar.

Llegué pronto a un lugar que no estaba señalado en el mapa. Mi GPS me lo mostraba como si hubiera una construcción ahí.

"Debe haber algo ahí. Se me está haciendo de noche", pensé.

En ese lugar empezó a hacer mucho, mucho viento. Tuve que buscar muy atentamente en la carretera, porque no había señalamientos, hasta que encontré la pequeña construcción que resultó ser un hostal. En cuanto entré en el sitio, me recibió un cachorrito. Por esos días, mi mamá nos había avisado que mi perro Gauss se había perdido. Mi prima Samantha se dio a la tarea de buscarlo; para ello pegó folletos y recorrió los alrededores de nuestra casa buscándolo. Eso era desesperante para mí, porque, mientras yo seguía pedaleando, Gauss estaba perdido y yo estaba demasiado lejos como para poder buscarlo. Afortunadamente, el esfuerzo de Samantha rindió frutos: una persona vio el folleto que ella pegó y se comunicó para avisar que lo tenía. Así recuperamos a Gauss y yo, después de pedalear angustiado desde Chile hasta Bariloche, recuperé algo de calma.

Entonces, al ver a este perrito, me acordé de mi Gauss y me conmoví. El perrito del hostal se llamaba Tommy. La dueña, que también era la recepcionista, era una señora muy gorda. Le pedí un cuarto de inmediato porque ya estaba fastidiado del frío. Hacía tanto que pensé que en la noche iba a nevar, porque además el cielo se veía gris, como cuando nevaba en Alaska y en Canadá.

Cuando me fui a mi cuarto, el perro me venía siguiendo y se quedó afuera. Ya en mi recámara, me di cuenta de que era un lugar donde nevaba, porque había calentadores y otros enseres para lidiar contra el frío extremo. Las construcciones ya estaban pensadas para este tipo de temperatura, pues.

Me levanté al día siguiente, subí a mi bicicleta y empecé a pedalear. Pero pronto me di cuenta de que había demasiado viento y simplemente no era factible avanzar, así que desmonté y seguí caminando, aunque debía dar unas zancadas muy largas. Anduve unas tres horas, cuando de repente sentí algo húmedo, como si alguien me tocara la pantorrilla. Volteé y era el perrito. ¡Quién sabe desde qué horas había estado detrás de mí!

Sé que sonaré como la persona más distraída, pero creo que estaba muy concentrado en avanzar porque había un viento en contra que jodía demasiado. No sé si el perrito me vino siguiendo todo el tiempo, o si él se puso a caminar y hubo un momento en que me topó y corrió hasta alcanzarme. Creo que eso último era lo más probable, aunque en ningún momento de esas tres horas recuerdo haber volteado hacia atrás. Entonces, puede que no lo haya visto.

"En la madre, es un cachorro", pensé.

De repente estaba parado en medio de la nada, con un viento terrible en contra y un cachorrito. Y no tenía la más remota idea de qué hacer.

—Ya, quédate aquí —le decía.

Seguía caminando y empujaba al perrito con mi pierna, tapándolo. Pero él seguía tras de mí. Después me subí a mi bicicleta, intenté pedalear y el perrito me rebasaba. Había demasiado viento, así que hubo un momento en que me dije: "¿Por qué quieres dejar al perro?".

Iba pedaleando muy lento, como a unos 18 kilómetros por hora, y me di cuenta de que el perro seguía mi ritmo y se mantenía pegadito a mí.

"Pues ya faltan pocos días, yo creo que unos cuatro para llegar a mi destino. Tal vez menos, tres. Pues quizá el perro pueda seguirme el paso —pensé—. Quizá pueda llegar a la meta con todo y perro, y después regresarlo a su casa".

Era una idea tonta, pero no sé por qué se me venía a la cabeza. Tal vez porque estaba cansado.

Tierra del Fuego es uno de los lugares donde pueden verse más cicloviajeros. Los mismos lugareños saben que la gente que anda en bicicleta comúnmente viene viajando desde muy lejos. Entonces, mucha gente que cruzaba junto a mí en coche disminuía su velocidad y se asomaba por las ventanillas. Me tocaba ver sus caras de sorprendidos, como diciendo:

—Wow, este tipo viene acá hasta con el perro.

En realidad no era eso, sino que el perro me había seguido desde hacía algunos kilómetros y ni siquiera era mío. La gente ponía cara de sorprendida. A algunos viajeros la escena les causaba sorpresa, pero a otros más bien sufrimiento. Para mí era gracioso ver eso.

Entonces, volví a detenerme para pensar las cosas mejor. En eso estaba cuando llegó una camioneta. Se salió del camino y frenó cerca de donde yo estaba.

—Tommy, ¿qué haces por acá? —gritó de inmediato una mujer.

Era la señora gorda del hostal, que había dejado todo para buscar a su perro.

—Creo que me siguió desde allá —traté de explicarle—. De repente lo sentí detrás de mí.

—¡¿Cómo pensás que va a venir siguiéndote desde allá?! ¡¿Cómo creés eso?! ¡Seguro vos te lo querías robar!

La señora estaba enojada, pero ya no dijo nada. Tomó a su perro, se metió a su camioneta y se fue. Ya nunca supe más de Tommy, pero quedé como el tipo malo de la historia por algo que nunca hice.

Lucha en mi cabeza

Ese día no tenía que haberme quedado sin comida, pero el viento hizo que agotara antes de tiempo mis reservas, porque me hacía pedalear muy lento. Además, el viento me había retrasado demasiado en la carretera sin que pasara por lugares donde comer. Creo que ese día avancé solo 120 kilómetros o algo así. Fue de los días en que menos distancia recorrí. Entonces se me hizo tarde y terminé en el Cerro Sombrero.

Como ya había contado, cuando se me acababa la comida tenía muchos problemas. Pero me faltó contar algo relacionado con eso. Además de la visión túnel y no poder hablar por el cansancio, había algo que era justo lo que más me fastidiaba y esto es muy importante decirlo. Tenía problemas para controlar mis pensamientos, una especie de ataques de obsesividad.

Por ejemplo, cuando iba pedaleando en Argentina, un papá y su hijo me habían saludado, porque sabían que yo era un cicloturista. Yo entonces solo levanté mi cabeza, como en un gesto de "hola". Eso pasó en la mañana y como a las seis de la tarde, cuando empezó a darme hambre, mi mente comenzó a fregarme.

"¿Por qué no te frenaste? ¿Por qué no les dijiste 'hola'?", pensaba.

Era tan fuerte ese pensamiento que empezaba a sentirme mal.

"¡No! ¡Por qué no les dije 'hola'!", me reclamaba.

Entonces, se me arruinaba una hora del día pensando así. Sentía que yo era la persona más mala del mundo. Otro día una persona me había regalado una botella de agua y, al llegar las seis de la tarde, mi mente me lo reclamaba con cualquier pretexto tonto.

"Es que el 'gracias' que le dijiste a esta persona no era tan convincente", me regañaba a mí mismo.

Era horrible, como si mi mente sola se empeñara en destruirme.

"Eres una mala persona. ¿Por qué?", pensaba.

Sin embargo, fue otra de esas dificultades a las cuales me acostumbré. Cada vez que me quedaba sin agua o comida, estos pensamientos se me venían y yo ya lo sabía. Hubo un momento en el que ya lograba distinguir cuando me estaba pasando esto. Iba pedaleando pero al mismo tiempo había algo que me fastidiaba, aunque fueran recuerdos antiguos, algo que hubiera pasado hace un año, como el último cumpleaños de un amigo, y yo me daba cuenta.

"Ok. Es el momento en que vienen estas ideas", pensaba.

Suponía que todo esto se debía al hambre; entonces, trataba de convencerme de eso.

—Es normal, son asuntos de la vida cotidiana que así pasan. Es normal que no le haya hablado a mi amigo en su último cumpleaños —trataba de convencerme.

Así, cuando me llegaban esos pensamientos, ya había desarrollado un antídoto contra ellos, pero aún debía pasar un rato de lucha intensa en mi cabeza. Esto pasaba mientras también tenía que superar el frío, el cansancio, el hambre y la sed.

Una pregunta casual

Antes de continuar, debo hacer una aclaración. No soy homosexual ni tengo tendencias homosexuales. Tampoco soy homofóbico, porque parte de mis amigos y amigas son gays. Explico esto por la historia que viene.

En el Cerro Sombrero llegué a un hostal en donde, recuerdo bien, solo había una persona que recibía a los viajeros. El hostal estaba lleno de trabajadores. Creo que todo el lugar es minero, supongo que a eso se dedicaban los obreros. De hecho, después me contaron que es un pueblo de trabajadores y nadie acostumbra vivir ahí.

La persona que atendía era un muchacho de aspecto afroamericano.

—Hola, voy a querer una habitación —le dije.

—Ah, hola —con una voz medio afeminada—. Vale, vale, vení para acá. Acá hay una habitación.

Me la mostró y le dije:

—Oye, ¿y de casualidad acá tendrán internet? Es que necesito comunicarme con mi familia por mi celular para decirles dónde estoy.

—No, aquí no te llegá el internet, pero podemos ir a otra habitación donde llegue.

Me llevó a otra habitación que estaba muy alejada de la primera a la que me había llevado. Ahí, efectivamente, había internet.

—Vienes muy cansado, ¿verdad? —me preguntó el chico—. ¿Qué estuviste haciendo? Te ves muy cansado.

—Estoy pedaleando —contesté.

—¿Y de dónde venís pedaleando? ¿De dónde sos?

—De México.

—¡¿Y venís pedaleando desde allí?!

Le respondí pronto, de otra forma se iba a quedar hablando. Tenía pinta de que hablaba mucho.

—Sí —le dije.

—Bueno, ahora ya voy a servir de comer.

Se tardó como 10 minutos en servir, pero aproveché para comer. La mesa estaba llena de trabajadores. Se ve que todos se conocían, porque entre todos se hablaban. Algunos de los comensales todavía tenían puesto su uniforme de trabajador, algunos aún con chaleco reflejante.

Acabé de comer y regresé al cuarto. Llegué, me senté en la cama. Ese día había sido muy fuerte y en esos momentos es difícil tranquilizarse y poder dormir. Como que necesitas relajarte y que te llegue la tranquilidad, hasta que al fin te sientes suficientemente bien como para acostarte.

El cansancio te hace perder la noción de muchas cosas, como algunos sentimientos. No te llega mucho el enojo o la tristeza, porque estás cansado. Estás como en trance.

Ese hostal era de cuartos separados. En mi cuarto solo había una cama. El baño era para todos y el comedor también. Me senté en la cama y dejé la puerta completamente abierta. No me di cuenta, supongo que porque estaba muy cansado.

De repente se asomó otra vez el chavo de la recepción. Creo que tenía unos 26 años. Sacó la mitad del cuerpo a través del marco de la puerta y me dijo:

—Oye, estás muy cansado, ¿cierto? También estás muy quemado de la cara. ¿No te estás poniendo bloqueador solar?

—Sí, es que algunas veces se me pasa —le respondí.

—No, esperá y te traigo un aclarador porque traés el rostro muy quemado.

—Ah, vale. Ok.

Llegó minutos después con el famoso aclarador. Se acercó a mí; yo sentado en la cama, él de pie dentro de la habitación. Pensé que me daría el aclarador. ¡Pero no! Abrió el aclarador, se puso unas gotitas en la palma de la mano y con los dos dedos de la mano derecha empezó a ponérmelo en la cara.

A mí en ese momento se me hizo normal, pensé que era en plan buena onda. Notaba muy claramente que el tipo era homosexual, pero me estaba aplicando crema en buena onda.

—Ay no, no. Venís muy quemado. A ver, cierra el ojo izquierdo —decía mientras me aplicaba el aclarador—. Oye, ¿y tenés hermanas o hermanos?

153

Era la plática típica de cuando conoces a alguien. Él platicaba mientras me ponía crema con los dedos en toda la cara.

—¿Y tenés novia? —continuó él.

—No.

—Ay. ¡Cómo un hombre tan guapo no tiene novia!

—Pues no, no tengo —dije.

—¿Pero sí has besado, verdad?

Ese año di mi primer beso, antes de salir a romper el récord.

—Sí, sí he besado —respondí.

—Sí, claro. ¡Es que no! ¡Estás muy guapo como para que no tengás novia!

Mientras, me seguía poniendo la crema en la cara.

—¿Y venís desde México sin conocer a ninguna chica en el camino? —agregó.

—No, no he conocido a nadie.

—¿Y no se te antojaría besar?

—Pues no, estoy muy en lo mío —respondí.

—Ay no, no. Increíble.

En todo este tiempo, me siguió poniendo el aclarador.

—Bueno, listo. Quedáte aquí y en 15 minutos vuelvo. Sirve que le doy de comer a los que faltan. En 15 minutos vas y te limpias el rostro.

—Ah, ok —respondí.

Yo seguía en mi cama, intentando tranquilizarme, superar el cansancio y con el aclarador en la cara. Pasaron los 15 minutos —los estaba siguiendo en el reloj de mi celular—. Fui al baño y me retiré el aclarador. Pronto regresó el muchacho.

—Ahora va esto. Esta crema es para humectártela porque la traés muy, pero muy reseca —me dijo.

Seguimos entonces el mismo proceso. Me senté en la cama, él se puso algo de crema en la mano y luego empezó a ponérmela en la cara. Mientras lo estaba haciendo, comenzó a reírse. Se tapaba la boca con una mano y me decía:

—¡Ay, no! Me da pena decirte lo que te voy a decir.

—Adelante —contestaba yo—. ¿Qué vas a decir?

—Ay, no. Es que me da mucha pena. No, nada. Mejor nada.

Siguió poniéndome la crema. De repente se mordió el labio, como cuando alguien coquetea, y me miró así la parte donde se nota el pene. Traía los *jerseys* de ciclismo, que son muy entallados, y pues se notaba el bulto. Y yo tenía a este güey mirándome ahí y mordiéndose el labio.

"Ay, ¡¿qué onda con esto?!", pensé, bastante perturbado.

El tipo se volvió a morder el labio y finalmente se animó.

—Bueno, ya te voy a decir: ¿Te la han mamado? —me dijo a quemarropa.

—Pues no —dije yo.

—¡¿Cómo que no te la han mamado?! ¡Un hombre tan guapo como tú y no te la han mamado!

—No.

—Ay, no puedo creerlo —dijo cada vez más atrevido.

Entonces siguió poniéndome la crema.

—No, no. Tan guapo y no —decía ocasionalmente.

Volvió a morderse el labio, a verme ahí abajo y dijo:

—¿Y no te gustaría que te la mamaran?

—No, no estoy interesado —respondí.

—No, es que no te puedo creer. ¿Cómo no has sentido unos labios ahí? —dijo mientras hacía con sus manos como si agarrara un pene.

—No, no. Nunca he sentido nada de eso —dije.

En realidad era muy gracioso ver eso, porque el tipo tenía aspecto afroamericano, entonces sus labios se veían muy graciosos cuando hacía su propuesta.

—¿Nunca has sentido labios ahí en tu pene? —decía y levantaba sus labios.

—No.

—¿No te gustaría que te la mamara?

¡Y apenas ahí, en ese punto, fue cuando empecé a entender que desde el principio él me estaba coqueteando! Pero yo estaba en mi rollo, muy cansado. Estaba apenas nutriéndome de lo que había comido y estaba pensando en todas las cosas que pasaban en mi viaje. Y pues este güey se aprovechaba de mi locura astral. A él parecía que se le había hecho muy normal todo eso.

—Quiero aclararte algo. Soy heterosexual, no me gustan los hombres —le dije entonces, ya más consciente de la situación.

—No, por supuesto. Yo sé que eres heterosexual. ¡Se te nota que eres heterosexual! —dijo él—. Pero casual: te la mamo y me retiro. ¡No pasa nada! No creas que voy a desviar tu sexualidad. Te la mamo y me voy. Se queda aquí solo entre nosotros. ¿Seguro que no querés? Dímelo.

—No, para nada. Soy heterosexual. A un heterosexual no le gustan esas cosas —respondí tajante.

—Ay... ay. Bueno, está bien —dijo él al final.

Y me seguía poniendo la crema en la cara todavía, después de esa locura. Se hacía un paso para atrás, alzaba sus manos hacia su pecho y cerraba sus puños, como de ansiedad y decía:

—Ay no, no. Es que estás muy guapo. ¿En verdad no quieres?

—No —repetía yo.

Acabó de ponerme la crema y, antes de retirarse, me dijo:

—Si no tienes sueño. Yo estoy al lado.

—Ok, ok —contesté.

Fui a cerrar la puerta en cuanto él salió y me di cuenta de que la puerta era más grande que el marco, de manera que no podía cerrarse.

"¡En la madre! ¡Todo está planeado!", pensé.

Yo empujaba la puerta tratando de cerrarla, pero no podía. Para esto, todo el hostal estaba construido con una especie de madera ligera, igual que las casas de Estados Unidos.

"¿Cómo le hago?", pensaba.

Entonces me hice un paso hacia atrás, tomé impulso y empujé la puerta tan fuerte que logré cerrarla, aunque todo el hostal retumbó del golpe que le di. Luego traté de poner el seguro, pero tampoco funcionaba.

"No, no. Este tipo hizo plan con maña", pensé.

Luego, para tranquilizarme, pensé que había hecho demasiado ruido para cerrar la puerta, así que, si alguien quisiera abrirla, tendría que hacer el mismo escándalo, de lo cual me iba a dar cuenta, sobre todo si era a media noche.

Me relajé, apagué la luz y me recosté en la cama. De repente volteé a mi derecha, a la pared que daba al cuarto del muchacho que me había ofrecido sexo oral, y había un hoyito en el muro. De ese hoyito salía un haz de luz.

"¡¿Qué pedo?! ¡Ahora qué!", pensé.

Me asomé y, efectivamente, era el cuarto de él. Alcancé a ver su cama y a él acostado sobre ella. Tenía la luz prendida y todo lleno de peluches, lo recuerdo bien.

"¡No, no!", me dije.

Solo atiné a poner las maletas para cubrir. Las recargué sobre el hoyo y listo. Me acosté y, pese a todo, logré dormir. Al día siguiente, me levanté, desayuné normal y me encontré de nuevo con el chico.

—Mirá, sí se te aclaró tu rostro —me dijo.

Y sí, efectivamente, sentía mi rostro muy bien. Lo tocaba y lo sentía suave y terso. Hasta me gustaba gesticular. No sé cómo habré tenido mi cara durante esos días, pero supongo que la tenía muy fregada, de manera que el tratamiento del chico me había caído muy bien.

—Esperá un momento —me dijo él.

Yo ya había desayunado. Me metí en mi cuarto para agarrar mis cosas y él mientras fue a su cuarto y me trajo unas galletas.

—Tomá, para ti. Mucha suerte —me dijo.

Tomé las galletas y salí.

Comúnmente, cuando cuento esta historia, la gente me pone más atención y se ríe a carcajadas. Creo que hay algo de morbo en la anécdota y eso se presta para que la gente aporte y bromee. Pero en realidad a mí no me afectó mucho, porque yo estaba supercansado. Fue un ejemplo claro de que el cansancio me anulaba muchas capacidades, muchas formas de razonar. Fue de alguna manera lo mismo que cuando tuvimos un encuentro cercano con un oso en Canadá. Es decir, claro que me asusté en el momento, pero al día siguiente ya estaba de nuevo exhausto por el viaje y no tenía tiempo ni ganas de lamentarme, temer o pensar la historia del oso.

El otro día alguien me preguntó qué era lo más peligroso que había vivido en el viaje y yo respondí que el oso.

—No manches, yo hubiera contado lo del tipo que te quería cenar —me respondió.

CAPÍTULO 5
🚲 Motivación: terminar

Solo me faltaban dos días para llegar a Ushuaia, el fin de mi viaje. Si algo tengo claro de esos momentos es que yo no estaba entusiasmado en lo absoluto. Simplemente quería a terminar. Mi tiempo era correcto, todo estaba perfecto, así que iba a llegar y concluir con este suplicio.

Como zombi, casi carente de emociones, simplemente seguía adelante. Lo único que me motivaba a avanzar es que ya iba a terminar. Ya me dolía todo. Me sentía desvelado y no podía dormir. Ya era, definitivamente más doloroso que placentero.

Llegó el último día y seguía encontrando a gente en el camino que me saludaba.

—¿A dónde vas? —me preguntaban.

—Pues voy a llegar ya a Ushuaia —decía como autómata.

Recuerdo que alguien me dijo por ahí:

—¡¿Cómo vas a llegar a Ushuaia?! ¡Necesitás unos tres días para eso!

—Sí, es que pedaleo como 200 kilómetros diarios —contesté.

—Pero no. Es que hay una subida por ahí.

Era irónico que me siguiera ocurriendo eso: que la gente pensara que faltaba demasiado tiempo o distancia y que por ello mostrara una actitud pesimista, dándome a entender que no tenían fe en que yo llegaría. Era absurdo porque no sabían que ya había cruzado casi el continente entero.

—¿Cuánto tiempo haces en coche para cruzar el centro? —pregunté una vez a un viajero curioso.

—Una hora, más o menos.

Cuando alguien me dice que se tardaba una hora, yo siempre pienso que en bicicleta sería la mitad del tiempo. Tengo razones para creerlo, porque ya he cruzado suficientes ciudades. Pero la gente, que muchas veces nunca ha viajado más de tres kilómetros en bicicleta, me contestaba con escepticismo.

—Si en coche hago una hora, tú vas a hacer como tres horas o algo así —me decían.

Por esto, desde hace tiempo empecé a desconfiar en la gente para estimar mis distancias. Aunque muchas veces me falte información, prefiero confiar en mis cálculos y en mi instinto para tomar mis decisiones.

En otro momento, encontré a unas personas que me saludaron y quisieron tomarse una foto conmigo.

—Para Ushuaia hacés como tres días —me insistieron.

—No, son como 200 kilómetros y ya vi la altura —respondí—. No es algo tan difícil.

—Que no, escuchame.

Seguí pedaleando sin poner atención a los cálculos absurdos de viajeros ocurrentes y a la mitad de mi recorrido hice una parada. Se me estaba bajando un poco el azúcar, entonces me metí en una tienda y compré chocolates y otras golosinas llenas de azúcar. De repente entró un extranjero con facha de viajero. Yo ya conocía bien ese perfil. Salí de la tienda para ver qué había afuera, si era una motocicleta, una mochila o una bicicleta. Y efectivamente, había otra bicicleta.

Él hablaba poquito español.

—¿Andas en bici? —le pregunté

—Sí.

—Qué bien. Yo también.

—¿Y tú de dónde vienes? —reviró él.

—De Alaska —le contesté—. ¿Y tú?

—Hoy acabo de salir.

Donde comencé mi viaje, en Alaska, no se veían muchos viajeros. Recuerdo que, en mi primer o segundo día, un coche se me acercó. El conductor me saludó y bajó la ventajilla para preguntar:

—Oye, ¿no has visto a un tipo corriendo por aquí?

—No —respondí.

Se me hizo una pregunta totalmente fuera de lugar. ¿Quién podía estar corriendo en ese lugar tan remoto y desolado del mundo, donde además hacía un frío de terror?

"No mames. Hay locos por todas partes", pensé.

De vuelta en Ushuaia, el viajero de la tienda me dijo que acababa de iniciar su viaje, saliendo desde un hostal.

—En el hostal hay como otras cinco personas de distintos lugares que van a empezar este mismo viaje, de Argentina a Alaska —me explicó—. No sabíamos en qué momento exacto salir y bueno, yo decidí salir hoy.

Al ver a ese hombre empezando su viaje me vi reflejado y recordé los inicios de mi propia aventura.

—Wow, es tu primer día y para mí es el último —le dije.

—Entonces ya no te falta nada, debes de disfrutar tu viaje —respondió.

Era extraño, porque al principio del viaje estás muy entusiasmado, sensible a todo y con un mundo entero delante de ti. Pero no sabes a qué desmadre te vas a aventar. Así es que yo le vi la cara al otro tipo teniendo el recuerdo bien claro de todos los dolores que yo había padecido en el camino, los cuales él muy probablemente también iba a padecer. Tal vez él no sabía que iba a ser tan rudo, justo como a mí me pasó.

Y es que la mística de los viajes es complicada. Se ve muy distinto desde fuera que desde adentro, cuando empiezas que cuando estás terminando, si estás en Alaska o Argentina, o estás en Perú o México. Allá en Alaska a veces la gente hasta se bajaba de su coche para tomarme una fotografía porque sabían lo que yo estaba haciendo. Las conversaciones eran distintas. Eso lo descubrí desde mi primer viaje de Anchorage, Canadá, a México.

—¿A dónde vas? —me preguntaban en Canadá.

—A México —respondía.

—Ah, ¡qué bien!

En cambio, en cuando entré en México, la reacción empezó a ser inmediatamente distinta.

161

—¿A dónde vas? —me preguntaban.

—A San Luis Potosí —decía.

—¿Y es una manda o qué?

Es increíble cómo la cultura puede cambiar tanto la perspectiva de las cosas. En ese primer viaje, la gente en México pensaba que yo hacía una manda, una de esas promesas en las cuales se realiza una hazaña para pagarle un favor a un santo o a la Virgen, algo muy de los católicos mexicanos. Pero fue igual en el nuevo viaje. Estando en México, cuando alguien me hacía la plática y salía a la conversación lo que realmente estaba haciendo, pensaban que era una manda. Y eso se me hacía de lo más curioso. En Estados Unidos o Canadá nunca me comentaron algo así. Sientes de inmediato las diferencias.

El viaje también se ve distinto desde tu medio de transporte y tu tiempo. Quienes viajan caminando tal vez tengan una mejor impresión de lo que pasa en el suelo, pero yo desafortunadamente lo único que conocí del continente fueron las carreteras. La gente frecuentemente cree que yo vi todo el continente, pero no podía hacer eso al mismo tiempo que rompía un récord mundial de velocidad.

En Perú estuve pedaleando como dos semanas al lado de la costa, donde veía la playa a pocos metros de mí. A mí me encanta el mar, así que veía la playa y la volvía a mirar. Pero nunca me metí porque sentía que eso me debilitaría. Sentía que la comodidad del lugar me alejaría de mi objetivo de romper el récord.

"Solo 15 minutos ahí, —pensaba mientras veía las olas. Pero luego rectificaba y volvía la vista a la carretera para no perder la concentración—. No, ¡esos 15 minutos se van a convertir en 40! Aguanta. ¡Si te metes, puedes perder el récord!".

Pero aun si no me hubiera propuesto recorrer el continente en un apretado espacio de tantos días, mi viaje igualmente hubiera sido muy parecido al que hice. Y es que en sí es algo que hago desde mis primeros viajes en bicicleta, cuando no tenía una meta. Siempre me di cuenta de que me gustaba más estar en la carretera. No sé por qué no me atraía la estabilidad de un lugar. Cuando menos lo sentía ya estaba fuera de la ciudad, fregándome en la carretera.

Hace unos días, ahora que he vuelto a mi vida normal en San Luis Potosí y busco maneras de superar el hastío, vi un paquete turístico a Cancún que me interesó. Pero a la mera hora pensé: "Mejor no, me voy a aburrir".

Y no sé bien por qué me aburriría, pero creo que me faltaría algo que en mis aventuras sobre bicicleta siempre tengo.

Dificultades hasta el final

Me despedí del viajero canadiense en la tienda de Tierra del Fuego. Mientras hablábamos, había puesto un oído en la conversación de unos traileros que charlaban al lado nuestro.

—Allá, acercándose a Ushuaia —decía uno de ellos—, cuando vas subiendo está nevando antes de llegar a la cima. Se está poniendo feo y muy frío.

Yo no traía ropa para nieve. Había comprado ropa para frío, que no es lo mismo que ropa para nieve, así que regresé a mi bicicleta con la mente fija en lo que le había escuchado de los traileros. Poco tiempo después, encontré la subida de la que todos hablaban, que me impresionó mucho por el acantilado y la vista que desde ahí tenía. No estaba nevado, pero hacía demasiado frío. Era como si nevara, pero sin nieve.

Entonces padecí una sensación que ya había sentido en otro de mis viajes: las manos se me empezaron a abrir por el frío. Yo luchaba contra ello, presionando con fuerza los músculos de los dedos. Pero, inevitablemente, los dedos se me volvían a abrir poco a poco. Era una constante lucha por el control de mis manos.

En un punto, cuando estaba abriendo y cerrando la mano, sentí como si se reventara algo en uno de mis dedos. En ese momento perdí la sensibilidad de ese dedo y me asusté mucho, pero seguí adelante pensando que faltaba poco, que ya estaba por llegar. En la subida, además, se zafó la cadena de mi bicicleta. Era claro que el viaje me estaba mostrando dificultades hasta el último momento. Era un camino que se negaba a ser conquistado.

163

Con las manos así de frías, no tenía suficiente movilidad en ellas. Las tenía como hechas garras y no podía abrirlas. Era como si de pronto hubiera retrocedido miles de años de evolución y fuera un primate con manos no aptas para hacer esas cosas.

"¡Qué carajo! ¿Cómo voy a poner la cadena en su lugar?", pensaba.

Por si fueran pocos mis problemas, la cadena estaba atorada en las estrellas. Las miré, traté de moverlas y no lo logré. Entonces, empecé a patear la parte en la que estaba atorada la cadena. La agarré a patadas de tal forma que la estaba dañando. Le estaba dando a una parte sensible, pero era más la desesperación del momento. Pronto logré ver que se había torcido un poco esa parte, pero al fin logré zafar la cadena. No me importó mucho el daño porque en ese punto solo me faltaban 70 kilómetros para llegar a mi meta.

Seguí pedaleando contra el frío y empecé el descenso desde la subida aquella, pero ahora con un dedo menos y una bicicleta algo más dañada. Por suerte, el tiempo pasó pronto y en un parpadeo tuve a Ushuaia ante mí.

A la entrada vi el señalamiento que da la bienvenida a Ushuaia. Mucha gente, cuando hace esos recorridos en coche o en motocicleta, procura tomarse una foto saltando frente a ese letrero. Yo me pasé de largo, sin guardar ninguna memoria de esa icónica entrada.

Al llegar a la ciudad, empezó a oscurecer. El lugar se me hizo muy bonito. Pocos sitios me gustaron tanto durante el viaje y Ushuaia sin duda fue uno de ellos. Tal vez me pareció lindo justo porque representaba el fin de mi esfuerzo. Lo cierto es que me hizo recordar la escena de una bahía en un videojuego al que le dediqué mil horas durante mi época de *gamer*.

"Es tal cual el videojuego", pensé.

La noche se apoderó del paisaje y solo quedaron iluminando las lucecitas de la ciudad. Era de verdad bello. Todavía no se habían ido los últimos destellos del día, pero los foquitos de las casas ya acariciaban la vista.

Cristian y Anaid me habían enviado un mensaje en el cual quedaron de verme en la comisaría de Ushuaia. Yo ya había apuntado en mi GPS dónde quedaba ese punto, así que enseguida tomé rumbo hacia allá.

Para llegar a la comisaría, debía hacerlo por una nueva bajada. Al momento de enfrentarla, mi bicicleta ya no pudo más y simplemente dejó de funcionar. Se atascaban los pedales al momento de pedalear. Afortunadamente, las llantas seguían libres y podían girar, y como era de bajada solamente dejé que la gravedad hiciera lo suyo. Al terminar la pendiente, me apeé y caminé unos 400 metros, que era el tramo que faltaba. Había llegado a la meta. Y completado el viaje en 117 días y cinco horas. **¡Había conquistado el Récord Guinness!**

 ## Sonrisas y aplausos sentidos

Cristian y Anaid me estaban esperando con sonrisas en sus caras, justo al lado del conocidísimo letrero de madera que dice "Ushuaia, fin del mundo". Me aplaudieron y yo aplaudí con ellos. Nos abrazamos en medio de una lluvia ligera y un clima pesado que me tenía temblando. Y no hay más en este final. Todo lo que siguió fue logística sin chiste. Sé que suena seco, pero mi llegada fue así. No hubo fuegos artificiales, ni edecanes de marcas deportivas, ni comentaristas de televisión. Solo hubo sonrisas y aplausos que, aunque pocos, fueron sentidos.

Escuché alguna vez la historia de una mexicana que llegó en motocicleta al mismo punto y que, al momento de llegar, se bajó en llanto. La gente le abría paso hacia ese letrero y ella lloraba y lloraba, lo cual causó que la gente luego la acompañara en sus lágrimas, como si entendieran lo que a esta mujer le había pasado. Muy sensible la cosa. Pero no. Mi historia no fue así.

Para validar mi logro, Récord Guinness pedía una carta que avalara que yo había llegado en bicicleta a la comisaría. Nadie, sin embargo, nos pudo recibir en ese momento. La única persona que había ahí nos dijo:

—No, ahora no hay nadie que les pueda hacer una carta. Ya es tarde. Vengan un poco más tarde o mañana.

Creo que el hombre no nos puso mucho interés. Después del rechazo, nos quedamos afuera de la oficina, platicando de cómo me había ido ese día. Minutos después, salió de nuevo el vigilante.

—Oigan, perdonen. Es que no entendí muy bien lo que estaba sucediendo —nos dijo con un tono de voz completamente distinto—. Ahora vi en la repetición de las cámaras que llegó el niño y ustedes aplaudieron. Él viene desde muy lejos, ¿cierto? Ya entiendo lo que está pasando.

Así es que empezamos a explicarle la historia nuevamente.

—Sí, él viene desde Alaska y sí, está rompiendo un récord —decía Cristian.

—Oh sí. Miren, aquí hay cámaras, solo que yo no puedo sacarlas para que tengan alguna evidencia. Pero mañana yo voy a dejar aquí un escrito de lo sucedido. Será mi testimonio, ya que yo trabajo aquí, y se lo voy a entregar a otra persona, un superior. Él va a firmar la carta para que tenga más importancia.

Y así fue. Esta persona solo avaló la hora a la que llegué y estampó en el documento su nombre y cargo.

Después de mi llegada, antes de ir a descansar, Cristian y Anaid insistieron en que nos retratáramos en el letrero de madera que certificaba el fin del mundo. Ahí han terminado incontables historias de ciclistas como yo. Cristian y Anaid se dieron vuelo con la cámara mientras yo forzaba mi sonrisa lo mejor que podía. Me estaba muriendo de hambre y creía que había perdido un dedo para siempre, porque no lo sentía y eso me tenía bastante asustado. Además tenía mucho frío.

—Échate un *speech* —me dijo Cristian.

Esta escena quedó grabada en video, entonces es divertido volver a ella de vez en cuando.

—Es que apenas podía contar los dedos de… mis dedos de mis pies. Los dedos de, los dedos….

Eso fue lo que contesté. Pero ahora sé a qué me refería con eso: cuando me daba hambre y no tenía nada que comer, venían estos pensamientos obsesivos que me atacaban. Una forma de distraerme era contar los dedos de mi mano. Empezaba con la mano izquierda, con el dedo chiquito que iba en el manubrio.

"Uno, dos, tres, cuatro —contaba—. ¿Entonces a Gauss qué le habrá pasado?, —pensaba interrumpiendo el pensamiento anterior—. ¡Ay! ¿En qué dedo me quedé? Otra vez. Uno, dos, tres… Creo que ahí acaba esa curva", me volvía a interrumpir.

Creo que nunca alcancé a contar todos mis dedos. Estaba tan cansado que no pensaba bien. Pero era una buena forma de distraerme de esos pensamientos alocados. Entonces, eso es lo que quise decir cuando le respondí a Cristian, que apenas podía contar los dedos de mi mano. Estaba tan cansado que no tenía ganas de nada. Además del hambre, el frío y el dedo misteriosamente roto, me dolía la cabeza.

A mi dedo nunca supe qué le pasó. Creo que un nervio se lastimó, porque sentí como si se hubiera desprendido algo por dentro. Pasaron como cuatro meses y, antes de que lo revisara un doctor, se fue recuperando. Ahora ya ni me acuerdo de qué dedo fue, solo recuerdo que fue de la mano derecha.

Después de la sesión fotográfica, fuimos a un departamento que encontraron Cristian y Anaid. Se lo habían dejado muy barato en comparación con los precios de esa zona, que hasta los mismos visitantes aseguran que es más cara que Europa.

Al llegar al departamento, había un perro que era del dueño. No sé por qué nos seguían los animales durante todo el viaje. No recuerdo la raza, pero el perro me gustó mucho.

"Algún día voy a tener uno de esos", me dije entonces.

Cristian y Anaid habían comprado mucho para comer: salame, panecillos, arroz, dulces y no recuerdo qué más. Me tenían como un minibufet. Y, mientras comía, Anaid me preguntaba:

—¿Qué sientes?

—Bien —respondí—. Qué bueno que ya terminé. Ya estaba muy cansado y me siento mal.

Terminamos de cenar y fuimos a la cama. En lugar de celebrar, dormimos como cualquier otro día.

 ## "Cambiaste mi vida"

A la mañana siguiente me levanté temprano. Creo que mi cuerpo se había quedado con el reflejo porque de inmediato volteé hacia mi bici. Entonces, ¡puc! la desconecté de mi vida.

167

"Wow, ya te dejé. Ya no estás conmigo, —pensaba—. Ahora nos vamos a olvidar".

Y efectivamente, desde ese día y hasta el momento en que escribo estas líneas, no he vuelto a tocar la bici. Fue algo extraño mi renuncia a pedalear.

Carlos y Anaid publicaron en Facebook que Carlos Santamaria había roto el Récord Guinness por cruzar el continente en bicicleta en el menor tiempo. Empecé a recibir mensajes y fue muy bonito para mí leerlos todos. Ahora, después de haber leído tantos, me he acostumbrado un poco. Pero en ese momento eran demasiado para mí. Algunos simplemente me parecían muy exagerados.

"Oye, cambiaste mi vida. Has hecho algo muy grande en mí" me escribían.

Y yo no podía entender lo que estas personas decían.

"¡¿Cómo?! Yo estaba pedaleando nomás —pensaba—. ¿Cómo es que esto te inspira?".

Igual me había ocurrido en los días posteriores a mi salida de Alaska. No podía caminar normalmente. Apenas y podía, porque al hacerlo me dolían los dedos de los pies. Cuando utilizas la bicicleta, se utilizan poco los dedos de tus pies; entonces, eso se traduce en incomodidad y dolor al caminar de nuevo. Es por el frío. Pero me subía a la bicicleta y automáticamente era otra persona. Eso me había pasado en los primeros días del viaje y me estaba pasando en los últimos días. Hace poco vi una entrevista mía, la primera que me hicieron cuando llegué, y me sorprendió recordar que me dolían tanto los pies que no podía caminar correctamente. Iba cojeando y me movía muy, muy lento.

Volvimos entonces a la comisaría de Ushuaia, donde la carta que habíamos solicitado ya la había firmado un superior. Nos hicieron un documento muy formal y elaborado donde constaba que Carlos Santamaria había llegado el 16 de diciembre de 2015 a las 22:30 horas con su hermana y su cuñado, quienes estaban esperándolo en el lugar. Había batido el récord dos días antes de mi cumpleaños y un día antes del de Anaid.

Regreso a casa

Salimos y fuimos a ver la ciudad, pero yo me sentía muy mal, así que en realidad no conocí la ciudad. No me gustó salir a caminar. Tuvimos que regresar al departamento. Una vez ahí investigamos cómo regresar a San Luis Potosí. Lo más viable era regresar por tierra a Santiago de Chile y de ahí tomar un vuelo a la Ciudad de México. Volar a Chile desde donde estábamos hubiera sido más caro. Como consecuencia, nos pasamos una semana en autobuses regresando hacia el norte del continente. Al ver el camino desde la ventanilla, me sorprendía.

"Wow, por todos esos lugares pasé en bicicleta", pensaba.

Y eso me pasa hasta hoy en día. Cuando viajo por México, noto todos los lugares donde dormí, hice pipí o compré algo. Es muy curioso que cuando voy en el coche siempre me parecen más largos los trayectos.

"¡No sé cómo me aventaba todo esto!", me digo a mí mismo.

Llegué al fin a mi casa un día después de Navidad. Lo recuerdo bien porque esta la pasé en el aeropuerto, tal como en la película de Tom Hanks. Había llegado de Santiago de Chile en un vuelo a la Ciudad de México y de ahí en autobús hasta San Luis Potosí. En cuanto llegué, me di cuenta de la situación de mi familia. Mi papá ya no vivía ahí, se había separado definitivamente de mi mamá y se había ido a otra casa.

Antes de llegar a San Luis Potosí me estuve mensajeando con Maydé, la chica de Zacatecas. Ella estaba entonces por casualidad en San Luis Potosí, porque a veces ella y su familia pasan las vacaciones ahí.

"Quiero verte el día que yo llegue", le había escrito a Maydé.

En casa me había recibido toda mi familia con aplausos, porras y mucha bulla. Pero, como yo ya tenía planeado ver a Maydé, les di las gracias y me fui. Estaba loco. Les dije adiós y salí huyendo después de no haberlos visto durante casi cuatro meses. Al ver a Maydé, me di cuenta de que las cosas seguían desconectadas con ella. La había ido a ver esa noche porque al día siguiente ella salía muy temprano de regreso a Zacatecas.

A Maydé nunca le dije que había mandado a la fregada a mi familia por ella ese día. Simplemente regresé a casa y me dormí.

En los días siguientes, caí en la cuenta de que estaba muy cansado cuando terminé mi viaje. Al volver a casa tenía que hacer muchas cosas y no las hice. Por ejemplo, debía ver a un nutriólogo porque empecé a tener problemas con mi alimentación y adelgacé más de lo normal. Sin embargo, no le estaba poniendo atención a eso. Desde Colombia, además, se me formó una bolita en el abdomen que más tarde comenzó a darme comezón. Un médico me dijo que estaba forzando el abdomen muy constantemente al andar en bicicleta y que no había de qué preocuparse. No quedé muy convencido, pero igualmente no le di seguimiento. El problema es que han pasado meses y no ha desaparecido del todo.

Dos vidas

Por esos días me levantaba y me daba cuenta de que ya no tenía nada que hacer. Había pasado demasiado tiempo en la bicicleta. La mitad del año me había dedicado solo a ella y de repente era como si no supiera hacer nada más.

Cuando eres un cicloturista tienes dos vidas, porque eres otra persona cuando estás en el viaje. En tu casa sabes que te puedes bañar todos los días, pero en la carretera no te queda otra más que acostumbrarte a los baños escasos, a que quizá haya días en los que no vas a comer o vas a estar todo el día mojado o tostándote bajo el rayo del sol.

Así es que yo tengo como dos vidas y me di cuenta de eso desde mi primer viaje, de San Luis Potosí a Acapulco. Cuando llegué a mi casa me sentía distinto, aunque hubiera dormido relativamente cómodo en hoteles.

"Qué extraño, —pensé al regresar—. Ya no estoy en la aventura, ya no estoy conociendo gente. Ahora es todo normal".

Luego partí a mi viaje de Alaska a México y regresé a esto. Como había sido un viaje aún más extremo, el *shock* al llegar a mi casa fue mayor: "Wow, ahora duermo en mi cama después de semanas durmiendo en el suelo".

No fue sino hasta después de mi viaje San Luis Potosí-Guatemala-Belice que comencé a acostumbrarme a la transición entre mis dos vidas.

"Tú vives así. Entonces, no hay que sacarse de onda", me dije.

Al volver del último viaje de Alaska a Argentina, sentí mucho más suave ese golpecito de siempre, pero no podía evitar tener presente el contraste entre mis dos realidades.

"Si hubieran visto las cosas que vi —pensaba—. Ahora la gente platica de cosas muy normales, de cómo le fue en el trabajo. Pero hubieran visto dónde estaba hace una semana. ¡Hubieran visto todo lo que viví!".

La valentía de la ignorancia

Y no es una pasión ligera. Para lograr este récord tuve que arriesgar mucho. Cuando me encontré con un oso, por ejemplo, me moví unos 10 kilómetros por seguridad, pero el cabrón oso también se podía mover esa misma distancia, porque además tienen un olfato muy fino y tal vez yo seguía oliendo a comida. O sea, lo de moverse 10 kilómetros en realidad fue simbólico y yo seguía bajo un riesgo muy grande.

Meses después de que terminé el viaje, luego de que los niveles de adrenalina me permitieron ver las cosas más claramente, analicé todo lo que había vivido y llegué a una conclusión.

"Si yo hubiera sabido todo lo que conllevaba hacer este viaje, no me hubiera animado", pensé.

Y es que hay muchas cosas que tan solo de recordarlas me fastidian, me asustan o me duelen. Por ejemplo, amanecer se había vuelto para mí un tormento, porque en algún punto del viaje siempre amanecía temblando. Había normalizado ese tormento, aun cuando sé bien que temblar no es nada normal. Era, cada nuevo día, sentir una especie de inmersión en una alberca fría seguida de viento helado, y al mismo tiempo la sensación de que había algo más intenso que me hacía olvidarlo. Pedaleaba y perdía esta sensación, pero en la noche, después de comer, era otro clavado en el agua fría y otro tiritar del cuerpo sin control. El frío me seguía luego hasta la casa de campaña.

En suma, ese viaje lo logré gracias a la inmadurez que tenía cuando lo hice. Pero, si hoy me propusiera hacerlo de nuevo, ¡lo pensaría mucho! Lo pensaría por los animales salvajes, por la inseguridad de algunos países y sobre todo por el cansancio que al final se acumula. Irónicamente, el pasar del tiempo, que me ha permitido reunir todas estas experiencias, también me ha enseñado que debería pensarlo más antes de hacer una locura como esa.

La suerte en mi viaje fue algo superimportante. Si hubiera tenido un vehículo y un gran equipo de apoyo, no la hubiera necesitado tanto. Me hubiera dedicado en cuerpo y mente a pedalear, mientras mi equipo se encargaba de mi alimentación, de los problemas mecánicos y de los trámites aburridos. Pero yo no traía un vehículo de apoyo como tal, solo un dúo de entusiastas —cuyo apoyo fue invaluable y nunca dejaré de agradecer— que me ayudó a hacer esas cosas la mitad del camino, hasta Panamá.

Pero aun si hubiera tenido patrocinadores millonarios, el mejor equipo y un ejército de apoyo, la suerte siempre va a ser necesaria, porque siempre hay formas en las que el destino te puede jugar chueco.

Por ejemplo, conocí a unos viajeros a quienes, por beber agua de un lugar del cual no sospechaban, les dio una enfermedad llamada *fiebre de castor*. Después, a uno de ellos en Perú, además, le picó una avispa. Quedó completamente hinchado. Subió sus fotos a Facebook y parecía que le habían dado una paliza. Cuando supe de eso, yo no podía más que agradecer que, cansado, sediento y como fuera, pude seguir en el camino.

"¡Wow! ¡Nada de esto me está pasando a mí!", pensaba.

De hecho, en Argentina estuve cerca de terminar en el hospital y posiblemente fracasar en mi intento de romper el récord.

Iba pedaleando en la carretera y vi a un insecto venir hasta que se estrelló en mi pecho y como traía el cierre del *jersey* abajo alcanzó a meterse por los huequitos de la ventilación. Lo sentí como una piedra. Rodó hasta la altura de mi corazón. Sé que esto no suena más grave que mi encuentro con el oso. El problema es que soy alérgico a las abejas. Si una me pica, me arruina todo el fin de semana. Me da fiebre, diarrea y se me hincha el cuerpo. Me pongo mal.

Consciente del riesgo, lo que hice en ese momento fue tomar con la mano la bolita donde sentí que había caído. Pensaba que era una abeja e intentaba aplastarla a través de la ropa. Me distrajo tanto que caí de la bicicleta mientras los autos seguían pasando por la carretera.

Pensaba que la abeja estaba a nada de picarme y debía aplastarla antes de que lo lograra. Me debí haber visto graciosísimo agarrándome el pecho y retorciéndome en medio de la carretera, mientras los demás viajeros trataban de esquivarme. Después sentí la bolita y supe que ya la había aplastado. No era una abeja, era una avispa de muy mal aspecto. En ese momento sentí que había estado cerca.

Además del riesgo, hacer este viaje de la forma más austera definitivamente me arrebató la comodidad en muchas ocasiones y me lo hizo mucho más difícil. Es decir, me movía en bicicleta, acampaba al aire libre y en lo más bonito en lo que llegué a dormir fue en hostales. Y eso si tenía suerte, porque no en todos lugares hay.

Hoy visito muchos lugares para contar este viaje y, de la nada, me hallo rodeado de pequeños lujos innecesarios que al momento de ese recorrido me hubieran solucionado la vida. Cómo me hubiera encantado tener entonces a alguien que me pagara los hoteles, como ahora cuando doy conferencias. Hubiera sido maravilloso alimentarme con todas estas comidas de las que disfruto ahora. Entonces hubiera sido feliz con la mitad del abrigo que traigo puesto ahora. ¿Por qué ahora pasa esto? ¿Por qué no pasaba en ese momento cuando yo más lo necesitaba?

El viaje me dejó siendo una persona más segura. Es difícil explicarlo, pero tiene que ver con el haber vivido muchas cosas en un lapso cortito. De repente ya nada te da pena ni miedo. Eres una persona más abierta a cualquier cosa, y no solo eso: la gente apoya que te sientas con más fuerza.

En mi vida personal, el viaje me volvió precavido y, tal vez, un poco controlador. En Alaska, por ejemplo, siempre tenía que asegurarme de llevar llena mi botella de agua, porque sabía que me iba a ir muy mal si la llevaba vacía. Ahora, por ejemplo, no me gusta salir de casa si no he hecho todos los preparativos para ello. No me gusta ir al cine si no tengo los boletos listos y no sé que voy a tiempo.

Pero me acostumbré a ser así porque cuando vas en bicicleta eres muy vulnerable. Si se nos hacía tarde y nos deteníamos a comer, muy probablemente nos iba a caer la noche en la carretera, lo cual era malo para nuestra seguridad.

👓 Después de los aplausos

Siempre que hablo sobre mi viaje ante mis amigos o cualquier otra persona, hay tres preguntas básicas: dónde dormía, qué fue lo más peligroso y por qué lo hiciste. Son de ley esas tres.

La única que aún tengo problemas para responder es la tercera. Y es que contesto solamente "porque sí". La gente a veces se decepciona porque veo en sus caras que esperan una respuesta más elaborada.

Cuando estoy en entrevistas, sobre todo en las que son en vivo, tengo problemas con esta última pregunta. Regularmente el entrevistador plantea las cosas como si mi propósito con este viaje hubiera sido servir de ejemplo. Y como siento algo de presión, no lo niego tajantemente. Eso sonaría muy feo. En su lugar, me hago tonto y trato de darle la vuelta a la pregunta. Y es que sé que puede sonar extraño, pero yo no hice esto por un motivo tan grande. No quería recaudar fondos, ni unir al continente, ni demostrar que la bicicleta es un buen medio de transporte.

Me es difícil mantener la cordura entre lo que dice la gente y lo que en realidad yo sé que pasó. La gente a veces, y no me gusta tanto que eso pase, se entera de lo que hice y lo endiosa de una manera fácil.

—Lo que hiciste es impresionante. ¡Mis respetos! —me dicen.

Esas palabras me dejan su fuerza y me hacen sentir mejor, claro. Creo que los elogios y los aplausos siempre tienen ese efecto. Pero hay una duda muy en el fondo que es difícil de resolver. Tal vez sea que no aprecias completamente todo lo que has hecho. Pero también sabes que lo que dice la gente contrasta con el viaje, que siempre fue en solitario a nivel mental.

Después del gran ruido, los aplausos, las entrevistas y gente preguntándote por lo que pasó, siempre viene esa misma pregunta: "¿y por qué?" Es algo frustrante, porque hasta ahora no sé responder del todo bien.

Si respondo "porque sí", parece muy cortante, pero en realidad no entiendo por qué tiene que parecer así. Cuando me preguntan si pedaleaba por un mundo mejor, por la paz o por los niños con cáncer, creo que no tiene caso engañar a nadie.

Siempre nos han enseñado que las historias concluyen en algo, pero yo siento que mi historia es la ruta, al final ya no hay nada más porque ya la recorrí. No tengo que cerrar ningún ciclo ni sacar conclusiones.

Hice este viaje simplemente porque me gusta estar ahí y experimentar la sensación de estar montado en la bicicleta en un túnel infinito a lo largo del cual vas avanzando y nunca se acaba mientras van cambiando los rostros y los paisajes. Esa es la sensación que busco. Y sucedió que esa pequeña afición me llevó a conseguir algo grande.

Fairbanks 803 km

Prudhoe Bay 0 km

Whitehorse 1 749 km

Calgary 3 994 km

Visita nocturna del oso 2 254 km

Salt Lake City 5 415 km

Monument Valley 6 024 km

Bosque embrujado 6 553 km

Puesto fronterizo El Berrendo 6 880 km

Mi casa 8 331 km

Policías corruptos 6 553 km

Ciudad de Panamá 11 997 km

Cartagena 11 997 km

San Salvador 10 334 km

La Pintada (aquí fue donde lavó mi ropa la colombiana) 13 025 km

Quito 13 776 km

Restaurante La Balsa 15 271 km

Desierto de Atacama 17 526 km

Santiago, casa de Rogelio 18 931 km

Osorno 19 837 km

Cerro Sombrero, hostal donde me acosaron 22 283 km

Ushuaia, fin del mundo 22 709 km